故事結構教學
與分享閱讀

【第二版】

王瓊珠 ◆ 編著

謹以此書獻給所有參與教學實驗的教師和孩子們

編著者簡介

王瓊珠

學歷

美國伊利諾大學香檳校區哲學博士（主修特殊教育）

國立臺灣師範大學特殊教育碩士

國立臺灣師範大學教育學士

現任

國立高雄師範大學特殊教育學系教授

經歷

國立高雄師範大學特殊教育學系副教授

台北市立教育大學特殊教育學系副教授、助理教授

國中教師

著作

關於學習障礙與閱讀障礙或教學之期刊論文、國內外會議論文、專書文章共計六十多篇。編著之專書有《學習障礙——家長與教師手冊》、《故事結構教學與分享閱讀》、《突破學習困難——評量與因應之探討》（主編）、《突破閱讀困難——理念與實務》（主編）。

二版序

　　這本書原本只是要做為特殊教育中心的出版品，最後卻陰錯陽差地交給心理出版社出版，當時我比出版社還擔心書會賣不出去，但是編輯比我樂觀，要我不必操心。也不知道出版社都是怎樣行銷的，賣到可以一刷再刷，因此，我得要先感謝出版社和讀者的默默支持。

　　距離本書第一次出版已經過了六年，我也換到不同的學校服務。想想林總編輯的話：「要再印了，老師要不要修訂呢？」如果我只把「編著者簡介」資料更新，真的很對不起讀者，也表示自己是個怠惰的作者。不過，實際上我真的不是很勤奮的作者，一旦書出版後，便很少拿起來反覆細讀，也不太向人推銷，以免有「自作自『售』」、「自吹自擂」之虞。但是，為了修訂，我「終於」又拿起這本書好好讀一讀，看看能為讀者做些什麼。

　　這次修訂的主要改變在「PART II：研究篇」，第七章增加兩節，分別是「結果與討論」、「結論與建議」，第八章增加一節「教學回應與省思」。有鑑於近幾年念研究所的人變多了，當中有很多第一線的老師都想嘗試教學實驗研究，希望既能完成學位要求，又能讓學生實質受惠；但是在討論論文方向時，往往又會問：「教學研究會不會很難做？做問卷調查會不會簡單一些？」「如果教學實驗結果沒有成效，會不會畢不了業？」因此，學生對教學研究是又愛又怕。我在第七章將研究結果與討論一併呈現出來，雖然無形中增加此書的「硬度」，但想藉此告訴研究生讀者，研究結果雖然不是全然的完美，但是也給我們省思的機會，不是嗎？教學向來不是順利無誤的，而是不斷在犯錯中成長與蛻變。希望藉由這樣的分享，

讓讀者有機會讀到更多的研究內幕。不過，若照一般單一受試研究法的報告寫法，通常是將個案在每個時間點的表現以折線圖呈現，以了解其表現的趨向與穩定性等，但我考慮到個案眾多，這樣做將增加很多圖表篇幅，讀起來比較冗長，因此，書中僅以表格呈現整理過的數據，若讀者想看原始的資料，可以跟我聯絡。

第八章的部分原本只有各實驗教師的觀察與心得，事實上，這群老師已經把自己所見毫無保留地告訴讀者了。只是，我想應該有個機會回應老師們的問題。特別是，如果你曾經參考本研究的表格或書單，在班上試過故事結構教學卻遇上困難，最後無疾而終，也不知問題出在哪裡的話，那就可以翻閱第八章第二節，我特別針對實驗教師反映的問題，做一些回應和調整建議，希望未來有興趣嘗試教學的人，可以做得更上手。在此，也要感謝台東大學曾世杰教授和陳淑麗教授，慨然同意引用永齡台東教學研發中心所設計的國語文補救教學系列當中不同難度的文章結構學習單做為示例，讓讀者更清楚明白對書寫困難學生，學習單可以怎樣來加以調整。

最後，仍然要深深感謝心理出版社與總編輯林敬堯先生的協助，使得此書得以出版及修訂，倘若書中有任何疏失，尚請各方先進不吝指正。

王瓊珠

2010 年 6 月

於高雄師範大學

編著者序兼導讀

經常聽到有人對大學老師所教授的內容加以評論，他們說：「教授講這些東西太理論了」；「理論對實務工作根本是無用武之地」；⋯⋯如果真是如此，那教師的養成實在不用費時費事，只要把人丟入現場，自然就學會如何教學，不是嗎？我曾回顧近二十年的讀寫障礙研究，發現越來越多研究者投入這個領域，成果較過去豐碩，但是只要到教育現場看看，又會發現研究結果對於實務的影響似乎微不足道，理論和實務真是兩條不相交的平行線嗎？我真的很不想承認這樣的說法，但是如何讓研究與實務結合呢？

在分工比較細緻的社會，研究者只管專心研究，教學者就負責教學，至於把研究結果轉化成普羅大眾可以理解與應用的東西又是另一群人的專業。但是依照目前的態勢看來，在台灣這一層的人口數並不多，而且多半是翻譯書的市場，這些資訊若直接套用在台灣教育現狀裡，不必然恰當。

這次承蒙行政院國家科學委員會經費補助研究計畫（NSC91-2413-H133-014），使「故事結構與分享閱讀」的教學實驗計畫得以順利進行，透過和現場的老師們合作，大家一起坐下來共同解決教學問題，如同很多參與實驗的老師事後提到：有志同道合的人一起討論與分享，不再孤軍奮戰，真好！我想我的目的至少達成一半。

在教學實驗即將結束之際，我和老師們商量出版事宜，希望他們能將實驗的心得和觀察以最坦誠的方式和其他沒有參與實驗的同道分享。老師們二話不說，全交了這項額外的託付，沒有怨言，這就是讓我很感動的地

方。而出版最大的用意是讓大家有機會看到一個教學研究的各種面向，試圖讓學術研究和實務工作的距離不再遙不可及，研究不再只是一堆惱人的數據和圖表。

這樣的撰寫體例對我而言是一種新的挑戰，因為它既不是典型的學術報告，也不是教科書，所以光是章節的編排就反覆構思並更動過數次。我的想法是一本書不一定要從頭看到尾，讀者可以按自己的需求決定從哪裡看起，就像網路超連結的概念一般。本書的架構主要分為三部分：基本概念（Part I）、研究方法與心得（Part II），以及實驗教材（Part III）。對純實用型的讀者，他可以直接跳到教材篇（第九章），把合用的資料影印使用；對於好學型的讀者，不妨回到基礎篇（第一到六章），花一些時間將閱讀、閱讀障礙、故事結構教學和分享閱讀的理念做簡要探討，進一步了解這些教學法背後的道理；至於研究型的讀者，可以再翻閱第七、八章，重新思考如何進行研究的複製，或是改進現有的研究方法，減少犯相同錯誤的機會。

最後真的得感謝研究助理陳姝蓉老師大力幫忙，為找尋實驗教師和各項瑣瑣碎碎事物勞心勞力，書中第五章的資料多由她負責整理，我只是稍做編輯。另外，第八章和第九章是全體教師共同合作的結果，他們是台北市民生國小蘇琲雯老師、銘傳國小賴欣綾老師、博嘉國小林玉霞老師、金華國小林微芸老師、華江國小林淑菁老師及陳姝蓉老師、興華國小邵允賢老師、太平國小李湘如老師、信義國小陳瑞霞老師及陳靜如老師、清江國小葉瑩慧老師、大屯國小王以如老師、台北縣明志國小楊淑芬老師、三光國小李慧娥老師，若沒有他們，就沒有這本書的誕生，他們絕對是功不可沒的一群。此外，要感謝台灣省教師研習會（現今之國立教育研究院籌備處）同意使用部分教材內容，以及李慧娥老師提供另類的故事結構教學法（收錄於附錄二、三），當然，還要感謝心理出版社的支持，此書才得以

問世。身為編著者，文中若有任何錯誤都該由我負責，匆促撰稿，謬誤與
不足之處在所難免，不妥之處尚祈各方先進不吝指正。

王瓊珠

于台北市立師範學院

2003 年 7 月

目 次

PART I：基礎篇

PART II：研究篇

PART III：教材篇

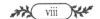

表　次

圖 次

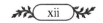

PART I
基礎篇

第一章

閱讀的基本觀念

　　在資訊發達的時代，人們每天的生活已和閱讀密不可分，從上學求知、看報紙讀新聞、了解股票漲跌情形、看分類廣告找房子和工作、到超市買菜、上街購物、找搭車站牌、決定看電影的場次、上館子點菜、上網發送 e-mail 等等，食、衣、住、行、育、樂幾乎都少不了閱讀。但是「閱讀」是什麼？恐怕就很難回答清楚，而且也覺得多此一舉，因為好像大家都知道「閱讀」是什麼。然而「閱讀」既然是一門被研究的學科和教學的科目，就不能不管它的內涵，否則便無從研究起，也不知道該教什麼。本章將探討閱讀的基本概念，包括：定義、發展、成分，以及影響閱讀理解的因素。

閱讀的定義

　　一般人會把閱讀視同「看」資料（如：文字符號、圖表數據），有些人甚至將閱讀的意涵擴及洞悉別人的心思（mind reading）和對視覺圖像及物體的理解。Rayner 和 Pollatsek（1989）在 *The Psychology of Reading* 一書中，將閱讀界定為「從書面視覺訊息中抽取意義的能力」。另外，Vacca、Vacca 和 Gove（2000）也提出相似的見解，他們認為閱讀是「人類從書寫文字中獲取語言訊息，並據以建構意義的歷程及行為」。因此，狹義的閱讀所指的媒材是「書面文字」，不包括他人的心思或是純視覺圖像、物體，而且它不只是「看」文字符號而已，還要「理解」文字的意義才算閱讀。當然，理解也不是單向、片面的，在閱讀過程中，讀者不只是被動接受視覺訊息，還會主動加入自己的見解，這就是為什麼大家雖然看同樣的新聞報導，但每個人對新聞的詮釋卻各不相同。

　　不過，從廣義的閱讀來說，特別是研究幼兒閱讀行為的學者，他們會將幼兒類似（或接近）正規閱讀的表現亦視同閱讀，例如：翻書（即便有時會把書拿反）、對著書喃喃自語（即便不是唸書本上的字）、指認部分符號等，都意味著孩子覺察到如何和書本互動，知道書本可以翻閱，可以讀出聲音，有些符號會重複出現，符號傳達某些訊息。就像電視上一則令人莞爾的廣告：一個 baby 坐在嬰兒搖椅上，當他被往上搖時，看到窗外的麥當勞招牌便呵呵笑，搖椅盪下去，看不到黃色的大 M 招牌就哭。對那個baby 而言，他已經開始連結符號和意義的關係，這也是一種閱讀的雛型。

閱讀的發展

本節所討論的是閱讀能力發展的歷程。談閱讀能力的發展，首先會涉及閱讀概念的轉變——從「閱讀準備度」（reading readiness）到「讀寫萌發」（emergent literacy），再從理論觀點看閱讀發展，以了解哪些地方（階段）是轉變的關鍵？能力不足會造成何種後果？

一、閱讀準備度 vs.讀寫萌發

1930 年代，Morphett 和 Washburne 認為孩子在上小學以後，其成熟度才得以學習閱讀（約 6 歲 6 個月），閱讀能力經由後天有計畫的教學活動而獲得，還沒上小學的孩子要做的事是培養閱讀準備度，像區辨視覺刺激、區辨聲音、拿剪刀剪紙、畫十字、圈圈、辨認顏色和形狀等，諸如此類和閱讀沒有直接相關的訓練被視為學習閱讀的先備技巧。一般家長或老師不認為孩子上小學前可以閱讀，一些學校甚至在孩子上小學前請家長填寫閱讀準備度的檢核表，以確定孩子夠成熟可以學習閱讀，如果還未達標準者，最好在幼稚園多留一年再入小學。不過，閱讀準備度的想法不斷受到挑戰與質疑。

Durkin（1966）發現，提早接觸故事書、識字和寫作的小孩，較一般孩子對文字的功用有進一步的認識。換句話說，豐富的讀寫經驗讓孩子提早閱讀，事實並非如先前學者所言，孩子在上學後才會閱讀。1980 年代以後的研究者更將孩子從非典型的讀寫行為逐漸發展成正規的讀寫行為之過程稱為「讀寫萌發」（Teale & Sulzby, 1986）。這項革命性觀念的轉變有部

分也拜蘇俄學者 Vygotsky 之賜，Vygotsky 的鷹架理論（scaffolding）將被動的等待發展論轉為主動的學習論，他認為在大人或是有能力的同儕協助之下，個體可以表現得較現狀更好。個體獨立表現與他人協助後的表現之間的差距稱為「最佳潛能區」（zone of proximal development，簡稱 ZPD）（Vygotsky, 1978）。所以，孩子學習閱讀需要的不僅是等待「自然成熟」，更有其積極的意義，即提早閱讀是可行的，只要方法得當，不會徒勞無功。

二、Chall 的閱讀發展階段

對於讀寫發展的歷程，不同研究者抱持的見解也各有不同。以 Jeanne S. Chall（1996）為例，她認為閱讀發展階段從零歲開始，閱讀行為會產生質與量的變化。根據各階段的特殊性，她將閱讀發展分為〇到五共六個階段，分別為前閱讀期（prereading）、識字期（decoding）、流暢期（confirmation, fluency, ungluing from print）、閱讀新知期（reading for the new）、多元觀點期（multiple viewpoints），以及建構和重建期（construction and reconstruction），每個階段各有不同的任務（見表 1-1）。六個階段又分為兩大區域，前三期為「學習閱讀」（learning to read），後三期為「由閱讀中學習」（reading to learn）。簡言之，階段〇到階段二為學習如何閱讀的基礎階段，學童需要建立起書本和文字的概念、文字符號與口語聲音之間的對應關係，以及自動化解碼能力。階段二以後，閱讀已成為個體吸取知識的媒介，讀者會逐漸擴展、挑選閱讀的範圍，培養將訊息轉變為知識，知識轉化為智慧的能力，以多元的角度看待閱讀內容，建構自己對世界的觀點，而非被動地接受所有的訊息。

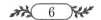

表 1-1　Chall 的閱讀發展階段

階段別／年齡（級）	行為描述
階段○：出生到 6 歲 （前閱讀期）	1. 約略知道書寫長什麼樣，哪些是（或像是）書寫。 2. 認得常見的標誌、符號、包裝名稱。 3. 會認幾個常常唸的故事書中出現的字。 4. 會把書拿正，邊唸邊用手指字。 5. 看圖說故事或補充故事內容。 6. 會一頁一頁翻書。
階段一：6 到 7 歲 （識字期）	1. 學習字母和字音之間的對應關係。 2. 閱讀時半記半猜。 3. 認字的錯誤從字形相似但字義不合上下文，到字形、字義都接近原來的字。
階段二：7 到 8 歲 （流暢期）	1. 更確認所讀的故事。 2. 閱讀的流暢性增加。 3. 為閱讀困難是否有改善的重要契機。 4. 為建立閱讀的流暢性，大量閱讀許多熟知的故事是必要的。
階段三：9 到 14 歲 （閱讀新知期）	1. 以閱讀方式來吸收新知。 2. 先備知識和字彙有限，閱讀的內容屬於論述清楚、觀點單一。 3. 剛開始以聽講方式吸收訊息的能力比以閱讀方式吸收訊息的能力好，到後期以閱讀方式吸收訊息的能力則優於前者。 4. 字彙和先備知識增長的重要時刻。 5. 學習如何有效閱讀訊息。
階段四：14 到 18 歲 （多元觀點期）	1. 閱讀的內容長度和複雜度增加。 2. 閱讀的內容觀點多樣化。
階段五：18 歲以上 （建構和重建期）	1. 選擇性閱讀。 2. 即使是大學生也不一定達到階段五。 3. 讀者不是被動接受作者的觀點，他會藉由分析、綜合、判斷以形成看法。

Chall 承認自己提出的理論乃是架接於 Piaget 的認知理論，與 Piaget 的理論有異曲同工之妙。Chall 也主張「閱讀是一種問題解決的形式，讀者在調適或同化的歷程中，適應環境的要求」，後一個閱讀發展階段乃奠基於前一個階段，但並不表示一定要前者發展完備才能進入下一個階段。而閱讀或學習障礙學童在階段一和二有相當大的困難。對於有閱讀困難的孩子要及早提供協助，否則拖到階段三以後，會讓孩子在各方面的學習都受到拖累，以至於原本只是識字困難，到後來連認知發展都落後了（Chall, 1996, p. 120）。

Chall 的理論有幾點特色值得注意：(1)閱讀發展從零歲開始。打破以往閱讀準備度的說法，她並不認為閱讀是上學以後才開始的，也就是說，即便未上學接受正式的閱讀教學，孩子在無意中仍然可能學會一些書本和文字的概念，這種說法基本上呼應了讀寫萌發的主張；(2)閱讀發展是終身的。閱讀發展即使到了成人階段仍然不斷成長，此外，也並非所有的個體都能發展至階段五；(3)發展階段對教學或評量皆具指標性的引導作用。

第三節

 閱讀成分分析

了解閱讀成分無論對於教學或是評量皆有指引功能，認識閱讀包含的成分之後，教學者可以針對個案的狀況加以評量，了解其主要困難在於識字或是理解，抑或是識字和理解之下更細部的能力，進而擬定合適的教學計畫，對症下藥。關於閱讀成分的分法十分龐雜，多數研究者主張將閱讀成分分為識字與理解兩大部分，但在細節上則有所不同。筆者歸納幾位學者（岳修平譯，1998；柯華葳，1999）的說法，將閱讀成分分為幾部分，如圖 1-1。

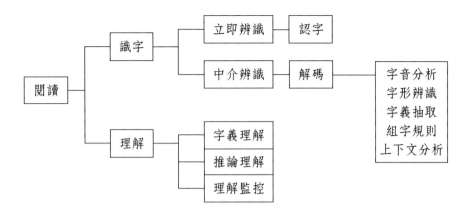

圖 1-1　閱讀成分分析

一、識字

　　識字包含兩種途徑，一是見字即知義（字形→字義），圖 1-1 中稱為「立即辨識」，經由「直接路徑」（direct route）識字（Rayner & Pollatsek, 1989），即是沒有透過語音中介的歷程，Gagné 等人把它稱為「配對」（matching）（岳修平譯，1998）。另一條路徑是透過語音中介，即從字形→字音→字義，圖 1-1 中稱為「中介辨識」，係經由「類比／規則路徑」（analogy/rule route）識字（Rayner & Pollatsek, 1989），對不熟悉的字，讀者透過和相似字的類比或是依照發音規則將字音讀出，Gagné 等人把它稱為「轉譯」（recoding）（岳修平譯，1998）。例如：當讀者看到生字「玓」時，可能會按「有邊讀邊，沒邊唸中間」的發音規則，把它唸成「杓」、「的」、「均」、「釣」等音。

　　在識字成分裡包含幾個更細的能力，像字音分析、字形辨識、字義抽取、組字規則、上下文分析等。換言之，廣義的識字不只是能唸出字音，還能分辨該字和其他相似字的差別（如：不會混淆「大」、「天」、「人」、「太」、「犬」），了解字的意思，明白文字的組成規則（如：

「氵」一定在字的左邊，像「江」和「河」；「水」則多在字的下半部，像「泉」字）。而上下文分析則是依據前後文猜測字義，例如：讀到「從鄉村到都市，從簡窳到繁華；路，像無數縱橫錯綜的血管，聯繫各個不同的體系。」（摘自艾雯，路），假如不認得「窳」一字，我們可從上下文脈絡猜測它可能是「簡陋」的意思，意思與「繁華」不同。

最後，和識字相關的名詞裡有幾個常被互用的詞彙：識字（word identification）、認字（word recognition）和解碼（decoding），三者到底是同義詞還是相異詞？依據邱上真（1998）的整理歸納，三者在意義上有些許不同。「識字」意義最廣，包括指認熟悉的字和不熟悉的生字；「認字」較偏向指認已熟悉的字；而「解碼」則較偏向分辨尚未認識的生字，以及符合拼字規則的假字。

二、理解

依據 Gagné 等人的說法，閱讀理解又包括字義理解（literal comprehension）、推論理解（inferential comprehension）以及理解監控（comprehension monitoring）三部分（岳修平譯，1998），每部分又細分成幾個能力（見表 1-2），茲分述如下：

字義理解包括「字義取得」（lexical access）和「語法分析」（parsing）兩部分。所謂「字義取得」係指由心智辭典（mental dictionaries）被活化的字義中選取合於上下文的解釋，如：bank 可以是「銀行」或是「河岸」，但在"Let's take a walk on the river bank."句子裡的 bank 就是「河岸」而非「銀行」。至於，「語法分析」是運用語言之句法學（syntatic）原則，確定字組的意義和身分（如：主詞、受詞、名詞等），例如：讀到「徒然食息於天地之間，是一蠹耳」（摘自李文炤，勤訓），不知道「蠹」是什麼，但在量詞「一」之後，最有可能接「名詞」，所以，「蠹」是一種

東西，再由組字知識推敲，「蠱」可能是和蟲子有關。

推論理解則包括「整合」（integration）、「摘要」（summarization）和「詳細論述」（elaboration）。「整合」是將兩個（或兩個以上）不相連句子的意義串連起來，使其成為連貫的敘述。「整合」可出現在複合句、不相連的兩句子間，甚至不相連的段落間，如：「電話鈴聲響了，他急忙跑過去。」看似兩個獨立的句子，經過整合之後，可能變成「電話鈴聲響了，他急忙跑過去接電話。」雖然原本的句子並沒有明說「接電話」的意圖，但經由推論，讀者將「鈴聲」和「跑」作連結，認為跑過去是要接電話。

「摘要」是指讀者在閱讀一篇文章後歸納出主要概念以概括全篇的主旨。摘要需要的能力包括對文章結構的了解（程序性知識），以及和文章相關的知識（陳述性知識）。能力好的讀者通常會從文章每一段落的主題句（topic sentence），或各節的小標題，或文中的提示語（如：第一點、第二點、……、最重要的是……）摘出重點。除此之外，豐富的陳述性知識也有助於摘要，如：讀到一篇有關 Mala 氣候的書，書中提到：「Mala有高度的降雨量——每年超過二百英寸。其平均溫度為華氏 85 度。平均濕度約 90%。」知識豐富的讀者可能將它摘成「Mala 屬於熱帶型氣候」。

「詳細論述」則和「整合」與「摘要」不同，「整合」和「摘要」基本上是在文章中做串連與歸納，但是「詳細論述」則是在推論過程中加入讀者原有的經驗，以擴展文章訊息的內涵。「詳細論述」的方式包括：舉例說明、延續句意、提供細節和類化比較，無論何種方式都是讀者自己加油添醋的結果，作者在文中並沒有提到，但讀者從字裡行間或自身的經驗中，推導出可能發展的方向（類似合理的懷疑）。

至於理解監控（或後設認知），則包括目標設定（goal setting）、策略選擇（strategy selection）、目標檢視（goal-checking）和修正補強（re-mediation）。理解監控的功能乃在確保讀者的閱讀既有效率又有效能。閱

讀能力佳的讀者在閱讀中隨時監控自己的理解情形，並依據評估的結果隨時做修正。例如：為了應付期末考的申論測驗，讀者決定詳讀課本，作內容大綱，找同學一起讀，然後互相問答，看看自己是否已經融會貫通，足以回答別人的考問，如果還不行，就要將不清楚的地方弄明白，多加強記憶。

表 1-2　Gagné 等人的閱讀理解成分分析

主要成分	細部成分	舉例說明
字義理解	字義取得	「生氣」一詞在中文裡有「不高興」和「活力」兩種不同的解釋，在「這盆植物讓室內充滿『生氣』」句子裡，「生氣」的意思顯然是「活力」而非「不高興」。
	語法分析	「小華打小明」和「小明打小華」兩句的意義全然不同，透過語法分析以釐清誰是在動詞「打」之前的人，那個人便是主詞（動手打人的），動詞之後的為接受者（被打的人）。
推論理解	整　合	「小雞說：『只要我長大，我一定會生金蛋。』其他的母雞聽了咯咯大笑。」（摘自《想生金蛋的母雞》）句中的「我」指的是小雞，而不是作者，也不是其他母雞。
	摘　要	「小雞說：『只要我長大，我一定會生金蛋。』其他的母雞聽了咯咯大笑，牠們嚷著：『雞生金蛋？你以為是在童話世界呀！』牠們笑得咳起嗽來。」（摘自《想生金蛋的母雞》）整段的意思濃縮，摘要成「母雞認為小雞不可能生金蛋」。

表 1-2　Gagné 等人的閱讀理解成分分析（續）

	詳細論述	「蛇不會急著提早蛻皮長大，即使很急，也沒有辦法！蝌蚪不會急著變青蛙，可是牠也不會永遠想當小蝌蚪。」（摘自《奇妙的自然奇妙的你》） 詳細論述可能變成「生物的生長有一定的規律，就像我也不可能一天就長十公分，一下子變成大人。」
理解監控	目標設定	我閱讀是為了……應付考試？找樂子？挖訊息？
	策略選擇	為了應付期末考，我必須詳細閱讀老師上課的講義。 我只對足球賽的消息有興趣，直接瀏覽體育版就好了。
	目標檢視	我準備妥當了嗎？可以回答老師給的模擬考題嗎？ 我是不是已經知道足球賽的賽程和轉播時間呢？
	修正補強	還有一章沒有讀熟，要再看一遍才行。 我已經記下足球賽的賽程轉播時間。

第四節

影響閱讀理解的因素

　　影響閱讀理解的變項可分為三大類：讀者、文本以及環境（王瓊珠，1992）。讀者變項指的是與讀者能力和背景知識相關的因素，如：個體的智力、語言能力、學習動機、注意力、記憶力、先備知識、文章結構知識、閱讀策略等。顏若映（1993）認為讀者需要三種不同的知識幫助他閱讀：(1)內容知識：係指有關文章主題領域的訊息，如具備及運用先備知識；(2)文章結構的知識：係指不同文體類型的文章之組織方式；(3)策略性知識：

係指如何對所閱讀文章作摘要、畫重點、推論及監控理解的知識（引自蔡銘津，2002）。例如：讀一篇古代計時工具的文章，讀者可能需要具備一些基本的時間概念，像白天、黑夜、早上、下午、各種計時工具等（先備知識），文體可能是說明文形式（文章結構的知識），文中可能會羅列各種古代的計時工具，談到這些工具是誰發明的，以及它們如何量時間等問題，又，當讀者想深入理解文章內涵時，可能也得對各種不同計時工具的優缺點作一番比較（策略性知識）。

　　而文本變項指的是文章組織、架構、可讀性（readability）、用語的清晰度、陳述內容的趣味性等。例如：文章呈現方式的邏輯性是否足夠？陳述的內容是否能和讀者的先備知識相連接？都是影響閱讀理解的關鍵。Beck和McKeown（1991）從社會科課本（歷史科）著手分析，發現課文的陳述方式常讓讀者一頭霧水，編者常假設讀者已經有一些知識背景，「應該」能理解文章的大意，其實研究結果發現並不然，課本往往沒有提供足夠的資訊讓學生完整地了解一個事件或現象，也沒有試圖串連學生既有的知識，提出適當的例子加以解釋。因此，研究者決定將文章重寫，以探討修改的文章是否有助於學生的閱讀理解，結果發現，文章經過重新調整後，文本在一個想法與另一個想法間的邏輯關係，及篇章的凝聚性（coherence）都較佳，學生對文章的理解也有所提升，而這樣的改變超出先備知識多寡可以解釋的範疇——也就是讀者的先備知識固然有助於理解文章，但卻不能因此彌補文本結構問題所產生的閱讀困擾，文本變項對閱讀的影響仍然值得關注。

　　至於環境變項包括：教師的教學方式、閱讀的風氣、書籍量和其普及性、家庭文化裡對讀寫的態度（Gasden, 1998）、父母是否積極參與孩子閱讀的活動（如：經常一起共讀、討論故事內容）等。根據 Adams（1990）的估計，來自低社經的學前兒童上學前約有二十五小時和大人共讀的經驗，而中產階級的學前兒童則有一千小時的經驗。另外，Elley（1991）也使用

過Book Floods（書潮方案），提供大量書籍給學習英語作為第二語言的學生，結果成效極佳。1996 年在美國也有類似的運動（稱為 Great Book Flood），322 家托兒所參與實驗，所內的兒童（大部分來自貧窮家庭）平均每位可分配到五本高品質的圖書，托兒所老師也接受閱讀故事書、選書的相關訓練課程，透過師生間大量的閱讀活動，發現這些孩子往後就讀幼稚園的幾年中仍持續進步（柯華葳、游婷雅譯，2001）。換言之，環境因素雖然屬於較間接的變項，但是對於學童長期閱讀能力的影響仍不可小覷。

綜而言之，影響閱讀理解的因素包括讀者、文本以及環境三種變項，讀者和文本是最直接影響閱讀的兩項因素，而環境變項則是間接因素，三者的互動關係如圖 1-2 所示。

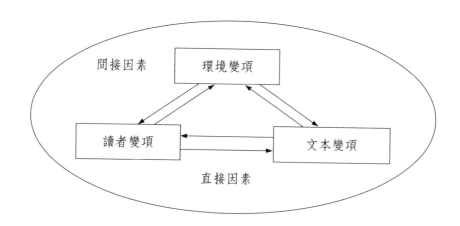

圖 1-2　影響閱讀理解的因素

第二章

文章結構與閱讀理解

　　「一篇文章，通過詞、句的組織，將作者的意圖表達出來，其中還需藉助各種道理、事實進行說明，為使文章寫得好，遣詞造句、敘事說理，都須先妥善安排，就像建樓房一樣，要先有一個框架。這個框架就是文章的結構」（盧羨文編著，1998）。在中文裡，文章的基本結構就是段落和層次，因此，盧羨文在《閱讀理解》一書便從文章的段落和層次分析教導讀者如何剖析閱讀內容。在國外的研究中也屢屢提及文章結構對閱讀理解的影響，諸多研究發現：當文章敘寫方式符合文章結構時，讀者較易了解並作回憶；反之，缺乏文章標題或結構散亂者，讀者則不易理解及回憶（Bransford & Johnson, 1972）。另外，優讀者也比弱讀者更具文章結構的概念（Fitzgerald & Spiegel, 1985; Vallecorsa & DeBettencourt, 1997; Wilkinson, Elkins, & Bain, 1995）。因此，有關文章結構的訓練也蘊育而出，例

如：故事結構法／故事地圖（story grammar, story map）、心智圖法（mind mapping）、概念構圖（concept mapping）等。

　　由於文體的差異會影響文章結構，本章將以最常見的兩種文體作為結構分析之對象：故事體（narratives）和說明體（expository）。「故事體」係描述圍繞某一特定主題而發生的人、事、時、地、物等背景，如：歷史故事、童話、寓言故事、人物傳記等。「說明體」係對事物或事件作說明、解釋，不作議論和引申，如：一般科學性的報導，或是產品介紹、使用說明等。

第一節

故事體文章結構

　　故事體的結構大約包含以下幾種成分：主角（及主角特點）、情境（時間、地點）、主要問題或衝突、解決問題的經過以及結局，有些故事還有啟示，以〈田鼠阿飛〉一文為例，其文章結構可剖析如表 2-1。

田鼠阿飛

　　田鼠阿飛是個負責盡職的送貨員，客人訂的蛋糕，他都會平平安安的送到，不管多麼的困難，多麼的辛苦。

　　有一天，老闆請他送一個蜂蜜蛋糕給老黑熊，老闆說：「這個蛋糕，今天下午一定要送到。」阿飛一看地址：「天啊！那可是好遠好遠的地方。」

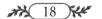

阿飛騎上腳踏車，送蛋糕去了。他騎上山坡，路愈來愈陡。騎啊騎，一直騎到輪胎的氣都漏了，才到了山頂上。

　　他看到路邊有一雙溜冰鞋，就穿了起來，順著山坡溜下去。溜哇溜，一直溜到輪子都壞了，才到樹林的邊上。

　　這時候，路邊正好有人在賣球鞋，他買了一雙，穿在腳上，跑進樹林。跑哇跑，一直跑到鞋子開了口，還是沒到目的地。

　　他把破鞋子脫下來，打赤腳走路，走過草原，走過溪流。走哇走，一直走到兩隻腳都起了水泡。

　　終於，阿飛到了老黑熊的家。老黑熊感激的對阿飛說：「謝謝你，總算有人願意送蛋糕來，太辛苦你了！」

　　阿飛說：「還好啦，只是我好像換了一雙新腳罷了。」

　　老黑熊仔細看看阿飛長滿水泡的腳說：「我很喜歡你的新腳，它把我的蛋糕帶來了。」

【資料來源：台灣省國民學校教師研習會主編，國民小學國語文補充讀物】

表 2-1　〈田鼠阿飛〉之文章結構

主角（及主角特點）	田鼠阿飛（負責盡職）
情境	老黑熊的家，今天下午以前
主要問題	送一個蜂蜜蛋糕給老黑熊，而老黑熊的家很遠
問題經過	1.騎上腳踏車，送蛋糕 2.騎到輪胎的氣都漏了 3.換穿溜冰鞋，一直溜到輪子都壞了 4.換穿球鞋，跑進樹林，一直跑到鞋子開了口 5.破鞋子脫下來，打赤腳走路，最後走到老黑熊的家
結局	把蛋糕送達老黑熊的家

但並非所有的故事都會涵蓋所有的元素，此外，故事的主角也不限於一位，雙主角的情形相當普遍，如：四川窮和尚與富和尚的故事，便是透過對比方式呈現故事內容。以〈黑狗和花貓〉的故事為例，黑狗和花貓都是分量等重的主角，其結構則可剖析為表 2-2。

黑狗和花貓
劉漢初

　　農場的主人養了一隻黑狗和一隻花貓。他要黑狗守門，要花貓到穀倉裡捉老鼠。有一天，黑狗和花貓說好了要交換工作。

　　吃過晚飯，花貓就守在門口。有車子經過那裡，都會把牠嚇一跳，牠覺得汽車好像大怪獸，可怕極了。牠看見路人走過門前，就學黑狗那樣大叫，可是喵喵的聲音，路人一點兒也不怕，還有人兇巴巴的說：「走開！走開！」花貓心裡一慌，趕緊夾著尾巴逃開了。

　　天氣很熱，黑狗坐在穀倉外，這個晚上沒有星星也沒有月亮，黑狗什麼都看不到，牠張口打了一個呵欠，眼皮重重的垂下來，牠知道不應該睡覺，可是實在忍不住了。忽然，一陣窸窸窣窣的聲音從穀倉裡傳了過來。「一定是老鼠！」黑狗精神來了，顯本事的時候到了！牠努力的用耳朵聽，用鼻子聞，對準方向撲上去，可是老鼠早就躲開了。牠反過身來，一撲再撲，但是每一下都落了空。老鼠樂得吱吱叫，一邊躲避，一邊喊著：「來呀！來呀！」

　　天亮了，花貓垂頭喪氣的回到穀倉，看見黑狗全身發軟，趴在地上，伸著舌頭直喘氣。牠們你看著我，我看著你，不約而同的說：「我看，守門口的還是守門口，看穀倉的還是看穀倉吧！」

【資料來源：台灣省國民學校教師研習會主編，國民小學國語文補充讀物】

表 2-2 〈黑狗和花貓〉之文章結構

主角（及主角特點）	黑狗	花貓
情境	農場，穀倉，晚上	
主要問題	黑狗與花貓交換工作，黑狗到穀倉裡捉老鼠，花貓看門	
問題經過	1.黑狗坐在穀倉外，這個晚上沒有星星也沒有月亮，黑狗什麼都看不到。 2.眼皮重重的垂下來，忍不住想睡覺。 3.黑狗對準老鼠撲過去，但是每一下都落空。	1.花貓守在門口，有車子經過那裡，都會嚇一跳。 2.看見路人走過門前，就學黑狗那樣大叫，可是路人一點兒也不怕。 3.被路人兇，心裡一慌，趕緊夾著尾巴逃開了。
結局	黑狗與花貓換工作後都覺得很累，就決定不再換工作了	
啟示	每個人都有自己的專長，強求不得	

第二節

說明體文章結構

說明文的文章結構依據學者（Englert & Hiebert, 1984; Taylor, 1992）的歸納，最常見的有以下五種模式：

1. 簡單列舉（listing, description）：用以說明一件事或物的特徵，各陳述間並無主從關係。

2. 依序列舉（sequence, time order）：按事件發生的先後次序一一陳述。

3. 比較與對照（compare, contrast）：將不同的兩件事物作比較，以說明其中的相異與相同之處。

4. 因果關係（cause-effect）：解釋事情如何發生，以及發生後的影響。

5. 問題解決（problem-solution）：先提出某項問題，繼而討論解決之道。

一篇說明文的內容，通常不會只用到某一種結構，而是同時運用多種結構組織而成。以工研院（2003）所整理的《嚴重急性呼吸道症候群SARS百科集》的部分內容為例，便可以看到五種不同的文章結構同時出現（見表 2-3）。與故事結構相比，說明文體的文章結構較多變，對於理解文意的助益並不直接（Beck & McKeown, 1991），而且，說明文多半傳達某種新訊息，新知的部分還是有賴直接教學，或是讀者的先備知識和字彙知識可以和文章內容銜接。

表 2-3 說明體文章結構範例

結構類型	範　例
簡單列舉／描述	Q：什麼是 SARS？ A：SARS 是由一種新病原引起的非典型肺炎。其特點為發生瀰漫性肺炎及呼吸衰竭，較過去所知病毒、細菌引起的非典型肺炎嚴重，因此取名為嚴重急性呼吸道症候群。2003 年 4 月 16 日 WHO 正式宣布，新發現的冠狀病毒為 SARS 的致病原。
依序列舉	Q：怎麼洗手才是正確的？ A：(1)開水後沖洗雙手；(2)加入肥皂液，用手擦出泡沫；(3)小心擦手指、指甲四周、手掌、手背、虎口位置，最少十秒才沖水；(4)完全擦淨後，才用清水將雙手徹底沖洗乾淨；(5)用乾毛巾或抹手紙徹底抹乾雙手，或以乾手機將雙手吹乾；(6)雙手清洗妥當後，別再直接觸摸水龍頭，應以抹手巾包裹水龍頭，或在水龍頭上潑水沖洗乾淨，才把水龍頭關上。

表 2-3 說明體文章結構範例（續）

比較與對照	Q：SARS 與一般感冒有何區別？ A：SARS 與感冒及典型肺炎的症狀聽起來很相似，典型肺炎通常是指由肺炎鏈球菌等常見細菌引起的肺炎。一般感冒的病癥如發燒、咳嗽、頭痛，通常數日後就好轉，產生肺炎的機率極低。
因果關係	Q：SARS 病毒為什麼會造成發燒、咳嗽、肺部纖維化呢？ A：當呼吸道受到刺激（例如：感染）的時候，身體會有一些保護機制，咳嗽的目的是想把刺激物或致病的微生物排出體外，是人體正常的防衛機制。 當身體被微生物感染之後，會引發體內的免疫機制，於是白血球會被活化，釋放許多細胞素（cytokine），其中的 IL-1β、IL-6、β-IFN、TNF-α 等細胞素會作用在下視丘（位在腦幹，負責體溫的調控），調高體溫的設定，讓體內溫度升高以利免疫系統作用。 當肺部受到感染，免疫系統會引起發炎反應。一開始會有許多白血球跑到肺部（浸潤），這些免疫細胞殺死微生物的同時，也不可避免地會損壞人體的正常細胞，而接下來身體會自動產生修補作用，由纖維母細胞（fibroblast）分泌許多膠原纖維（collagen）產生纖維化，肺部一旦纖維化，交換氣體的功能就會喪失。
問題解決	Q：怎麼樣可以減低感染 SARS 的機會呢？ A：1. 保持良好的個人衛生習慣，打噴嚏、咳嗽和擤鼻涕要用衛生紙遮掩，之後要洗手。 2. 經常洗手，少碰觸口鼻、少揉眼睛。 3. 室內保持空氣流通。 4. 避免前往人群聚集的地方或疫區。 5. 注意飲食均衡、運動、適量休息、不要吸煙，以增強身體抵抗力。 6. 如有呼吸道感染症狀，應戴口罩，儘早就醫，並告知醫師發病前接觸史。

第三章

閱讀教材難度分析

　　雖然許多研究皆指出大量閱讀各種媒材的重要性，但是老師面對五花八門的閱讀材料還是很難作決定，究竟這些閱讀材料會不會太難，孩子讀起來是否很吃力而不願意看？或是內容太簡單沒有挑戰性，孩子不能從閱讀中學習更多的知識與技巧？到底什麼樣的文章適合學生的程度，確實是個很不容易回答的問題，但是對於想自編教材或選擇課外讀物的老師而言，卻是一定得面對的問題。

　　若對教學嚴謹性不是十分苛求，那麼讓孩子親自試讀，再觀察他的反應便能夠了然於心。對於容易掌握的教材，孩子唸起來流暢度高，不會結結巴巴或出現不時停頓、不知所云的樣子；反之，太難的教材讀起來就緩慢且費力，即使讀過了也無法重述內容。也有學者（Clay, 1991）建議從學童的朗讀正確率作判斷，朗讀正確性若介於 90%至95%之間就屬於教學級

（instructional level）的閱讀材料，正確性低於 90% 為挫折級（frustration level），暫不合適作為教材。若是要進行教學實驗或診斷教學，對於教材難度的研判就必須更精準，教學時才不至於花很多冤枉時間，而教學成效也才能正確地解釋。

　　本章將從兩方面探討如何決定文章的難度：一是量的分析，二是質的分析；前者最常採用「可讀性」公式進行教材難度分析，而後者則是先找出影響難度的重要因素，將這些因素化成評分準則，然後一一檢核文章的內容。

第一節

從數據分析難度

　　大約是 1950 年代左右，可讀性公式的研究便已開始，它的主要目的是希望透過量化資料來評估讀物的難度。這些數據可以提供出版社之類的單位，編輯難易不同的讀本給不同閱讀水準的學生看，或提供作者測試文章的可讀性以作為修改的參考，或提供測驗公司評估其挑選之理解測驗的難度。據估計，光是英文裡就有一百多種可讀性公式，每一種公式使用的變項不同，各公式所推估的年級水準亦不盡相符（引自 Harris & Hodges, 1995: 204-205）。

　　以 Fry（1977）所推導的可讀性公式為例，他評估文章難度用的指標是每一百個字的平均句數（average number of sentences per 100 words）以及平均音節數（average number of syllables per 100 words），評估時要選書中任三篇文章作為樣本，每篇各取一百個字，計算句長和音節數，然後對照常模圖，由橫座標和縱座標交集處查看平均文章難度落入哪個年級水準，例如落入 1 區範圍，代表文章約是一年級水準，以此類推。

若是 Dale-Chall 可讀性公式，他們用的指標又略有不同，該公式的兩項指標是字的熟悉度和句法的複雜度（1948，引自 Chall & Dale, 2001）。字的熟悉度（word familiarity）指的是文中出現的字是否屬於小學四年級以前要會的三千個字的範圍；句法的複雜度（syntactic complexity）算的是一百個字裡完整句數有多少，所得的數值再對照常模，以估計文章的難度。

　　Fry 和 Dale-Chall 可讀性公式都是取樣本文章中的一百字做估算，通常文章越長，所需的估計樣本就越多，短文也至少選二個樣本段落估計（如接近開始和結束的地方）。兩個公式都是從語言分析的角度思考，假定越難的文章所用的字音節數越多，字越不常見，且句子越長，常常是複雜句的型態。研究也指出：可讀性公式簡便、實用，對於文章內容較簡易的讀物，估計準確性較高（Chall & Dale, 2001; Harris & Hodges, 1995），對於年級水準越高的讀物，由於讀者變項的影響增加，推估的準確性比較差。

　　中文目前尚無普及的可讀性公式可用。事實上，中文可讀性的研究大概在 1970 年左右便開始，但是一直沒有受到廣泛的注意。楊孝濚（1971）曾發表過「影響中文可讀性語言因素的分析」，算是中文可讀性研究的先鋒。研究結果發現，「常用詞彙比率」、「平均筆畫數」以及「完整句比率」三變項對於閱讀理解得分之貢獻較大，是值得關注的預測指標。另外，荊溪昱（1992，1993）連續兩年以國科會專案計畫方式，完成國小階段和中學階段國語文教材適讀性之研究。研究者所用的文本是當時國編版的課本，與現在開放各版本的狀況大不相同，此外，研究者以各年段的課文做為適讀性公式的效標變項，如此一來，大前提需先肯定教科書編輯委員在各年級所選讀的文章一定適用於該年段的學生，否則其分析結果就不一定可以說得通。之後，劉學濂（1996）根據文獻擬定五個預測變項——非常用字比率、非常用詞比率、字筆畫數、每句平均字數、每句平均詞數。結果發現，「非常用詞比率」和「每句平均詞數」對閱讀理解都是最佳預測指標，預測力約在 53-60%，其中又以「非常用詞比率」的預測力最好。

綜而言之，從有限的中文文獻得知，「常用字（或非常用字）比率」是預測可讀性的良好指標，而「課文長度」（或文章總字數）對於中小學階段的讀本似乎有預測力。至於「平均句長」、「完整句比率」和「每句平均詞數」三者所計算的單位都是以句為單位，所得結果應該是相近的，可以用「平均句長」一項表示即可。研究者若想分析某篇文章，可以進「中文學習補救教學資源網」（網址 http://edu.nttu.edu.tw/NFL/contents/news/news_list.asp?menuID=1），選擇「文章分析」功能，貼入所欲分析的文章文件，即可獲得其總字數、字頻分佈、平均句長等資料，不需要人工數算。

第二節

 ## 從檢核表分析難度

可讀性公式雖然簡便，但是仍然有其限制，特別是對於越複雜的文章，估計的準確性越低。另外，許多心理學的研究發現，影響閱讀理解的因素，不能單從文本變項考量（參考第一章第四節），個體的智力水準、語言能力、學習動機、先備知識等因素都會左右文章難度的判定，換句話說，文章難度不應只是純量化數據的考慮，還要包含質的評估。因此，有些研究者便從認知的角度著手，將影響閱讀理解的重要變數化成評分指標（參見表 3-1）。以 Irwin 和 Davis（1980）為例，他們從四個部分評估課本的可讀性：理解度、結構性、強化學習、引發動機，項目多達三十六項，雖然周延，但是費時也是可預期的（Chall & Dale, 2001）。筆者以為這些項目可作為學校教師挑選不同版本教科書之評選參考，但對於一般非課本的讀物並不需要考量全部的項目，只需針對理解度的部分項目進行評估即可。

至於低年級的圖書繪本到底是否適用可讀性公式也有不同的看法。Rog 和 Burton（2002）便認為傳統的可讀性公式對於初階閱讀材料難度的估計

容易偏頗，因此，他們採用：(1)字數及字彙熟悉度；(2)印刷型態；(3)故事可預測性；(4)插圖和文字間的對應；(5)故事內容與概念的複雜度等五項作為分級的依據，將閱讀材料分成十級，第一級最簡單，第十級最難，每一級各有評分準則（rubrics），並於每一級列出數本具代表性的讀物（anchor book），作為評比其他繪本的參考。

　　這五項指標，第一項和過去可讀性公式的指標相似，第二項是針對印刷型態進行評比，一行／頁一句，句子不跨行，以單字命名圖片的方式呈現，如《春天來了》（五味太郎，1998）是屬於比較容易讀的，反之，排版方式不規則，如《子兒吐吐》（李瑾倫，1993）就比較難。第三項可預測性，指的是故事內容的重複性是否很高？是否常出現某些固定的句型？是否押韻？或是劇情不斷累加，像《永遠吃不飽的貓》（林真美譯，1997），孩子很容易猜測接下去會發生什麼事。第四項是從插圖本身對兒童理解故事的幫助有多少，和插圖所呈現的事物是否為孩子所熟悉來下判斷。級數越低的讀物，插圖通常能幫助孩子推測文中不熟悉的字詞，反之，越難的讀物，插圖變得越複雜，和文字間不再一一清楚地對應。第五項是故事內容與概念的複雜度，層級較低的讀物多半和孩子的經驗緊密連結，如《媽媽買綠豆》（曾陽晴，1998）。雖然，這五項指標看似具體，不過實際要套用，仍然不免主觀，需要建立評分者間的一致性，並評比過大量的繪本後，方能區隔出十個等級的讀物。

表 3-1　課本可讀性檢核表

此為五點量表，5＝極佳，4＝佳，3＝中等，2＝差，1＝極差，NA＝不合用

理解度評估（Understandability）

分　數	項　　　目
	1. 作者對於學生詞彙知識的假定適當嗎？
	2. 作者對於學生在該學科領域之先備知識的假定適當嗎？
	3. 作者對於學生一般經驗的假定適當嗎？
	4. 教師手冊中有無提供教師開展與喚起學生相關概念或背景知識的方法？
	5. 新概念是否與學生的先備知識或舊經驗相連結？
	6. 介紹抽象概念時是否會用很多具體的例子輔助說明？
	7. 新概念的介紹是否一次一個，同時輔以足夠的例子說明？
	8. 對定義的說明是否易懂（比被定義的詞更清楚）？
	9. 句子的複雜度對學生是否適宜？
	10. 段落中的主要概念、圖表、分段是否清楚？
	11. 文中是否將無關重要的細節剔除？
	12. 文中是否對於複雜的關係（如：因果關係）具體陳述，而不是留待學生自己推想？
	13. 教師手冊中有無提供教師多樣化的資源，以滿足不同需求的學生？
	14. 可讀性水準適當嗎（按可讀性公式計算）？

結構評估（Learnability）

	15. 每一章都有導論（或前言）嗎？
	16. 章節與章節之間有清楚而簡單的組織架構？
	17. 每個章節內都有清楚而簡單的組織架構？
	18. 課本有提供相關的資源，如：索引表、名詞彙編、表次等？

表 3-1 課本可讀性檢核表（續）

	19.文中提出的問題和活動是否讓讀者注意到材料的組織方式（如：編年體、因果關係、按空間推移）？
	20.課本中提供的訊息量是否得宜，並組織良好？

強化學習 （Reinforcement）

	21.課本有無提供學生練習使用新概念的機會？
	22.在文中適當間隔處有無段落摘要？
	23.文中有無提供視覺輔助的圖表等幫助學生強化概念的建立？
	24.有無提供適當的課外補充活動？
	25.活動設計有沒有考量不同程度學生的需求？
	26.有無提問字面理解問題讓學生自行回憶？
	27.有無一些激勵學生做推論的問題？
	28.討論的問題是否能鼓勵學生做創造性思考？
	29.問題的陳述是否清楚？

引發動機 （Motivation）

	30.教師手冊中有無提供教師引起動機的各式活動？
	31.章節的標題及小標題是否具體、有意義，或是有趣？
	32.文章的寫作風格是否吸引學生？
	33.活動是否能激發學生學習動機，願意繼續做進一步的探求？
	34.書中有無明確告訴學生該項知識將會用在什麼地方？
	35.書的封面、格式、字體大小、插圖是否吸引學生？
	36.課本是否提供不同性別、種族、社經背景的學生正向的模範？

資料來源：Irwin & Davis (1980)

綜而言之，閱讀教材難度分析過去多採可讀性公式作為分級依據，可讀性公式方便、易行，然而隨著讀者閱讀經驗增長，或是讀物型態的多樣化之後，量的分析顯然已經不足以應付。新版的 Dale-Chall 可讀性公式已經開始考慮量與質的雙重變數，即先以可讀性公式估計年級水準，再參酌讀者特質與文章特質，以作為難度調整的依據（Chall & Dale, 2001）。讀者特質評估包括：主題是否是他感興趣的，主題的陳述方式是否吸引讀者；文章特質評估則包括：內容是否與讀者先備知識相符，重要字彙及概念的解釋是否清楚，整體的文章結構是否有邏輯性，以及文章使用的標題、問題、圖表是否夠清楚，有助於讀者記憶內容。目前國內尚未有可讀性公式評估中文閱讀材料的難易度，比較能用的恐怕是按朗讀正確率，或是從幾項重要的指標分析文章的難度。所幸，隨著電腦科技的進步，已有網站可以協助文章分析，只是最終難度的研判，還有賴使用者本身，電腦無法告知文章難度等級。

第四章

閱讀障礙的研判

　　在閱讀障礙的文獻中有幾個詞常常出現：讀寫障礙（dyslexia）、閱讀障礙（reading disabilities）、閱讀疾患（reading disorders）、弱讀者（poor readers）、落後讀者（backward readers），以及閱讀困難（reading difficulties），這些詞彙到底有何不同？或只是同義詞而已？以下便就這些名詞的意涵一一探討，並比較其異同之處。

閱讀障礙相關名詞解釋

一、讀寫障礙

讀寫障礙（dyslexia）是醫學或心理學領域普遍使用的詞彙，"dys-lexia"一詞中的 "dys"表示困難，"lexicos"表示和字有關，合起來的意思是「和字有關的困難」。通常它所指的閱讀困難偏重在解碼問題，即從字形連結到字音和字義有困難。早期的研究者多將dyslexia稱為word blindness，因為個案特殊的困難在於解「字」。後來 dyslexia 又細分為先天和後天兩種，因為腦部受傷（如：中風）而造成閱讀障礙的個案稱為「獲致性讀寫障礙」（acquired dyslexia）；如果沒有明顯的腦傷，卻有閱讀障礙的個案稱為「發展性讀寫障礙」（developmental dyslexia），他們的問題在學習閱讀的初始階段就發生。有時還會看到在「發展性讀寫障礙」一詞前加「特定」（spec-ific），成為「特定發展性讀寫障礙」，此處的「特定」意味著障礙限定於閱讀方面，而非全面性的學習問題（Clark & Uhry, 1995）。換言之，讀寫障礙個案的閱讀困難不是因為智力、情緒障礙等其他因素所導致。

有鑑於讀寫障礙定義的分歧，「國際讀寫障礙協會」（International Dyslexia Association，簡稱IDA）召集各領域的學者專家共同討論讀寫障礙的定義，會後他們得到的共識為：

讀寫障礙是一種由腦神經生理基礎所導致的特殊學習障礙，它的

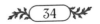

特徵為在認字的正確性和（或）流暢性方面有困難，以及表現出拼字能力和解碼能力差。這種困難典型是因語言的聲韻能力有缺陷，而非其他認知能力或教學使然，其衍生的問題包括在閱讀理解上有問題，以及減少了可以增加詞彙和背景知識的閱讀經驗。（Lyon, 2003: 2）

二、閱讀障礙

「閱讀障礙」一詞是特殊教育界普遍使用的語言，根據 Harris 和 Hodges（1995）的 *The Literacy Dictionary: The Vocabulary of Reading and Writing* 一書中對閱讀障礙的定義，他們認為閱讀障礙是「以個體生理年齡或年級水準而論，其閱讀水準遠低於應有的表現，有時也和個人的文化、語言與教育經驗不相稱。」目前，國內的《特殊教育法》（教育部，1997）並未將閱讀障礙獨立成一類，而是將它置於「學習障礙」的範疇中，其標準將比照「身心障礙及資賦優異學生鑑定標準」（教育部，2002）第十條對學習障礙的定義──「指統稱因神經心理功能異常而顯現出注意、記憶、理解、推理、表達、知覺或知覺動作協調等能力有顯著問題，以致在聽、說、讀、寫、算等學習上有顯著困難者；其障礙並非因感官、智能、情緒等障礙因素或文化刺激不足、教學不當等環境因素所直接造成之結果。」其鑑定基準包括：(1)智力正常或正常程度以上者；(2)個人內在能力有顯著差異者；(3)注意、記憶、聽覺理解、口語表達、基本閱讀技巧、閱讀理解、書寫、數學運算、推理或知覺動作協調等任一能力表現有顯著困難，且經評估後確定一般教育所提供之學習輔導無顯著成效者。

與讀寫障礙相比，兩者相同點遠多於相異點，基本上都包括：(1)智力正常；(2)閱讀能力低落，遠低於同生理年齡或同年級應有的表現，以及(3)

排他條件。因此，有些研究者將兩個詞視為同義詞。若要特別區分其相異點，讀寫障礙或許較強調識字（或解碼）困難，而閱讀障礙所稱的「閱讀」則較為廣泛，可包括識字和理解。

三、閱讀疾患

根據《DSM-IV 精神疾病的診斷與統計》（*Diagnostic and Statistical Manual of Mental Disorders-IV*，簡稱 DSM-IV）（孔繁鐘譯，1997），閱讀疾患的診斷標準如下：「閱讀疾患的基本特質是閱讀成就（即標準化個人成就測驗的閱讀正確性、速度，或理解程度）顯著低於預期應有的水準，此預期乃衡量此人的生理年齡，測量得到的智能，及與其年齡相稱的教育而判定的（準則 A），此閱讀障礙顯著妨害其學業成就或日常生活需要閱讀能力的活動（準則 B），若有感覺能力缺陷，此閱讀困難也遠超過此缺陷通常影響所及（準則 C）。」

閱讀疾患基本上與讀寫障礙或閱讀障礙是同義詞，但在 DSM-IV 診斷準則中又特別點出「正確性」和「速度」兩個向度，即閱讀成就的評估不只有讀對而已，還要講求速度，如果正確性高，但速度過慢，仍然視為閱讀缺陷。此外，前兩者在定義中只提到「顯著困難」卻沒有具體說明，而DSM-IV 準則 B 以功能性定義閱讀疾患，即閱讀障礙已經「妨害其學業成就或日常生活需要閱讀能力的活動」，此亦隱含生態學的觀點，換言之，假使個案所處的環境，日常生活中閱讀活動少，對閱讀能力的要求不高的話，也許個案並不會被稱為閱讀疾患。最後，DSM-IV 準則 C 也不排除感覺能力缺陷和閱讀疾患並存的可能性。

四、弱讀者

依據 Rayner 和 Pollatsek（1989）對弱讀者的定義，弱讀者是「學童的智力正常，但是閱讀成就低於一至兩個年級水準」。對 Rayner 和 Pollatsek（1989）而言，它和讀寫障礙最大的區別在於閱讀成就的偏異性，讀寫障礙的閱讀成就低於兩個年級水準以上，屬於比較嚴重的閱讀障礙，但兩者都具有正常的智力水準。

五、落後讀者

不論是讀寫障礙、閱讀障礙、閱讀疾患，或是弱讀者，雖然在內涵上稍有不同，但都是智力正常，閱讀表現低於應有的水準，如果是因為智力低、認知功能差等因素所導致的閱讀困難，則稱為「落後讀者」（Rutter & Yule, 1975）或「什錦型弱讀者」（garden variety poor readers）（Stanovich, 1988）以示區別。落後讀者呈現的是普遍性的發展遲緩，有外顯的神經特徵（如：腦性麻痺），在低社經、文化不利家庭中有較高的發生率，不像讀寫障礙的問題特別在語言發展方面落後，較無外顯的神經特徵或器官缺陷，受家庭因素影響較少（Rutter & Yule, 1975，引自 Rayner & Pollatsek, 1989）。

六、閱讀困難

「閱讀困難」屬於更籠統而廣泛的用語，它通常指閱讀表現低於某一個切截點，如：低於常模的 25%，不過，切截點要放在什麼位置卻見仁見智，不一定都是 25%。目前學界對閱讀困難學童的關注日益加溫，如：國

家研究會（National Research Council, 1998）便以 *Preventing Reading Diffic-ulties in Young Children* 為題，闡述提早對閱讀困難學童進行教學的重要性，可預防問題日趨嚴重。此外，「閱讀困難」由於鑑定的門檻最低——只看閱讀表現一項，涵蓋的範圍最廣，可囊括讀寫障礙、閱讀障礙、閱讀疾患、弱讀者，或是落後讀者的狀況。

　　綜合歸納上述的討論，讀寫障礙、閱讀障礙、閱讀疾患、弱讀者、落後讀者以及閱讀困難，使用者或有不同的偏好，其共通之處是指涉的皆為閱讀表現低落的現象，只是學者會依照發生原因、嚴重程度、障礙範圍、受智力影響與否等給予不同的名稱，各名詞比較整理如表 4-1。就閱讀障礙而言，其定義通常包括以下三個準則：(1)智力中等或中等以上；(2)閱讀水準低於應有的預期表現至少兩個年級；(3)非由不當教學、情緒障礙、感官缺陷、文化不利等因素所引起的閱讀困難。

　　根據王瓊珠（2001a）對台灣地區中文讀寫障礙研究的回顧報告結果，發現國內所定義的「閱讀障礙」也多考慮此三項條件，其中，第(1)和(3)項

表 4-1　閱讀障礙相關名詞比較

分類依據	發生原因		嚴重程度		障礙範圍		受智力影響	
	先天	後天	輕	重	識字	理解	是	否
讀寫障礙	＊	＊		＊	＊			＊
發展性讀寫障礙	＊			＊	＊			＊
獲致性讀寫障礙		＊		＊	＊			＊
閱讀障礙	＊			＊	＊	＊		＊
閱讀疾患	＊			＊	＊	＊		＊
弱讀者	＊	＊	＊		＊	＊		＊
落後讀者	＊		＊		＊	＊	＊	
閱讀困難	＊	＊	＊	＊	＊	＊	＊	＊

歧異不大，主要差別來自於研究者對「閱讀表現低落」的界定不同，有的採用年級標準，如：落後 1、1.5 或 2 個年級水準；有的採用智力與閱讀成就的差距標準，如：成就低於智力 1.5 至 2 個標準差；有的以閱讀成就測驗的百分等級低於 10、15、25、30；或是閱讀表現為全校（班）倒數 15%～25%為標準。因為「目前國內外閱讀障礙缺乏較理想之操作性定義」（洪碧霞、邱上真，1997）；加上中小學課程又沒有單獨的閱讀課，聽、說、讀、寫全包在國語（文）課，而以國語文表現統括之，因此也有不少研究者改以「國語文低成就」代替「閱讀障礙」一詞。儘管研究者以「國語文低成就」代替「閱讀障礙」是因應國內的實際狀況，然而問題仍然存在。曾志朗（1999）認為「如果只將閱讀困難定義在國語文這一個單獨學科上，是否太狹隘了，且與閱讀困難或閱讀障礙的關聯性並不是那麼大。而利用國語文這一學科來評斷閱讀困難，可能會發生不知到底是只有在此學科上有問題，還是在一般情況下都會發生閱讀困難。」

第二節

閱讀障礙定義新解

雖然閱讀障礙者有閱讀困難已是共識，但是如何判斷卻是各有分歧，從上述的名詞解釋中，彷彿可以清楚地區分各個差異，但事實果真如此嗎？抑或它們是相同的事件，只是程度不同而已？好比人體的血壓在某個範圍稱為高血壓，在某個範圍稱為低血壓，超過或低於這個範圍的血壓都值得警戒，並沒有說高血壓落在什麼範圍稱為「超高血壓」，再嚴重一點就稱為「特高血壓」。所以，用分類法（categorical approach）看閱讀障礙是否合宜？還是要採取連續面向的角度（dimensional approach）（National Research Council, 1998）？

在鑑定標準中最具爭議的一點是智力和閱讀成就間有嚴重差距是否合理（Fletcher, Francis, Shaywitz, Lyon, Foorman, Stuebing, & Shaywitz, 1998; Flower, Meyer, Lovato, Wood, & Felton, 2000; O'Malley, Francis, Forman, Fletcher, & Swank, 2002; Shaywitz, Escobar, Shaywitz, Fletcher, & Makuch, 1992; Shaywitz, Holahan, Fletcher, & Shaywitz, 1992; Stanovich, 1991）。智力和閱讀成就是可以互為獨立的兩個因素嗎？如果是，當然差距標準就比較能站得住腳，然而許多認知的評量結果是反應閱讀能力，而非單獨認知評量，對於年紀越大的個體越是如此，他們常因閱讀能力不足嚴重影響智力作業表現，因此，閱讀障礙學童的智力表現很可能被低估，再加上統計迴歸的因素，造成智商不夠高卻有閱讀障礙的學童沒能接受特殊教育服務。

越來越多學者主張摒棄智力成就間差距的標準，基於以下幾個理由：(1)違反心理測驗的假定；(2)容易過度倚賴統計數據，延誤早期發現的契機，等到孩子呈現顯著差距才處理；(3)智力是多元的，不只有語文智力或操作智力，差距公式只以單一智力作標準；(4)評量結果對於教學介入的方向缺乏指引作用；(5)智力和成就顯著差距的現象並非閱讀障礙者所獨有，在不同智力水準的群體裡都會產生，用差距標準找出的個體並不全然都是閱讀障礙者；(6)不同類型的閱讀困難者卻在認知表現或發展趨勢上有高相似度，也就是說單從認知成分分析中區別不出類型間的顯著差異。但是，如果捨棄差距標準，有無其他替代方法？

Stanovich（1991）建議用聽力理解和閱讀表現的差距，取代原有的智力和閱讀成就的差距標準，他認為讀寫障礙主要的問題在於解碼，書面閱讀時會因為解碼不流暢造成理解的瓶頸，如果同樣的文章以唸的方式呈現，他們的理解表現便顯著提升。因此，從聽力理解和書面閱讀表現的落差可以判斷閱讀障礙，而且閱讀和聽力理解的相關性遠大於和智力測驗的相關性，其意義性更大。但是他也不否認這項標準較能篩選出解碼（或聲韻）困難的閱讀障礙者，對於閱讀問題來自於視覺缺陷的個案就不適用；再者，

也不適用於評估有聽力缺損或是母語非英語的個案。而且 Stanovich 的主張依然沒有跳脫差距標準的窠臼。

Fletcher 等人（1998）、Torgesen 和 Wagner（1998）為避免落入差距公式的窠臼中，他們建議使用和閱讀表現相關高的特定成就和能力作為判斷的依據，例如：Torgesen 和 Wagner（1998）建議用語音覺知（phonological awareness）、快速自動化命名（rapid automatic naming），以及語文短期記憶（verbal short-term memory）作為診斷發展性閱讀障礙的指標，這些指標是根據諸多認知心理學研究，顯示和閱讀成就有極高的相關，是預測未來閱讀表現的指標，同時評量結果對於日後的教學介入也具指引效果。

另外，也有研究者轉向尋求調查閱讀障礙領域的專家意見，試圖找出目前多數專家的共識。Speece 和 Shekita（2002）曾向四本關於學習障礙／閱讀的專業雜誌——*Journal of Learning Disabilities, Learning Disability Quarterly, Learning Disabilities Research & Practice, Scientific Studies of Reading* 的218 位編輯審查委員發出問卷，回收 113 份，從問卷中歸納出幾項專家們同意作為閱讀障礙操作性定義的指標，前三名分別為：(1)閱讀成就（87%同意）；(2)語音覺知能力（85%同意）；(3)處遇效度（treatment validity）（74%同意），最少人認同的是智力和閱讀成就間的差距（32%同意）。另外，超過 75%的專家認為閱讀障礙的定義也應該包含排他條件，特別是排除智能障礙。其中的「處遇效度」是 Fuchs 和 Fuchs（1998）提出的見解，他們發現學習障礙的鑑定有浮濫的現象，特別是某些特定族群，因此，建議從個案對鑑定前的教學介入反應狀況來判斷問題的嚴重性，他們主張擴大教學介入層級，從改善普通班教學開始，若在多方努力下仍然不能融入普通班的孩子才最有可能是學習障礙者。換言之，他們假定學習障礙學童不僅是成就落後而已，同時學習速度也遠較同儕差，因此，即便給予額外的教學介入成效依然少。

小結

　　閱讀障礙的定義目前有不同的見解，專有名詞（如：閱讀障礙、閱讀低成就、落後讀者、讀寫障礙等）之間有重疊的部分，可能不是獨立的一種類別，而是閱讀能力低於某個範圍的統稱，在低閱讀能力向度內有其連續性。另外，不少研究者也質疑智力和閱讀成就差距公式的合理性，紛紛提出替代的方案，目前傾向於直接以閱讀成就或是和閱讀能力相關的特定能力（如：語音覺知）作為判斷的準則。此外，也有學者提出處遇效度以求更精準地判斷閱讀障礙，不在困難原因未明的狀況下認定學生有閱讀障礙，採取「教學介入條件從寬，鑑定標準從嚴」的原則。

第五章

故事結構教學

　　本章將分四部分來談，一是故事結構的意涵與理論基礎，二是閱讀障礙者的故事基模研究，三是故事結構教學的相關研究，四是有效的故事結構教學原則，試圖回答「什麼是故事結構？」「為什麼閱讀障礙者需要故事結構？」「故事結構教學對閱讀障礙學生有何益處？」以及「過去的研究發現有效的故事結構教學要注意哪些原則？」四個問題。

第一節

故事結構的意涵與理論基礎

　　故事結構係從 1900 年代初期人類學家分析民間傳說中演變而來的（引

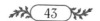

自 Dimino, Gersten, Carnine, & Blake, 1990）。他們發現儘管文化不同，人們在述說故事時都遵循著某種型態——故事中多包括：主角、問題或衝突、主角試圖解決問題的經過以及結局，後來這些元素被稱為「故事結構」，儘管不同的研究者有不同的故事結構元素分類法（繁簡不一），但其實都大同小異（Bacon & Carpenter, 1989; Dimino, Gersten, Carnine, & Blake, 1990; Gardill & Jitendra, 1999; Gersten & Dimino, 1989; Idol, 1987; Idol & Croll, 1987; Ouellette, Dagostino, & Carifio, 1999），其中以包含五至七個故事結構元素居多，以分成六項結構元素的占大宗，它們分別為：(1)主角和主角的特質；(2)時間與地點的情境；(3)主要問題或衝突；(4)事情經過；(5)主角的反應，和(6)故事的結局。六項元素基本上囊括了故事前、中、後的發展經過，同時也考慮主角的特質（多半為表層訊息）及其內在心理感受（多半為隱含的訊息）。

故事結構和認知基模理論有密切的關係，所謂「基模」（schema）是個體的知識體中用以理解和組織外在事物的參考架構，例如：一般人對「廚房」的基模大體上包含鍋、碗、瓢、盆、火爐、瓦斯、抽油煙機、冰箱、櫥櫃、水槽、柴、米、油、鹽、醬、醋、茶等事物，當讀者閱讀到和廚房相關的文章時，即便作者沒有提到這些細節，讀者也很容易根據原有的基模，將空缺訊息填入，如：「他餓極了，忙著到廚房找東西吃。」讀者便猜測「他會開冰箱」……等。換言之，閱讀是個體有意義的建構歷程，並不是被動記憶書中的訊息，讀者必須使外在訊息與個體的內在基模發生關聯，理解才能產生。

一位有效能的讀者必須能夠在閱讀時運用既存基模，自然地在閱讀的過程中掌握內容要素，獲知故事結構促成理解，這能力常是隨著年齡而增長的，而且不同年齡者有不同的理解重點。McConaughy（1980）比較國小五年級學生與大學生的故事回憶內容，兩組不同年齡的學生在回憶故事時所使用的方法與策略不同，國小學生使用的是簡單描述性基模，只能單純

的注意到故事中明確的事件，大學生則能使用社會推理基模，著重推理出主角的內在企圖與故事結果之間的因果關聯。亦即個體基模形式因年齡不同而異，年長孩子的故事組織性比年幼孩子強，高年級學生比低年級學生可以理解更複雜的故事內容。

第二節

 閱讀障礙者的故事基模研究

　　許多研究者都發現，閱讀困難者在閱讀新資訊時，較少運用故事結構幫助自己解決問題。Gersten（1998）指出，學習障礙生較無法組織思考及計畫方法，以解決複雜的問題；閱讀時較無法將資訊與事實作連結，在重述故事時會加入無關的事件，而這些事件多半與他們個人經驗及感受有關，並非來自於閱讀時所獲得的內容資訊。Vallecorsa和DeBettencourt（1997）在研究中發現，學習障礙者在閱讀時對故事形式顯得較不敏感，且常無效的使用內容結構，造成無法理解故事內容也無法寫出有組織結構的故事內容。Fitzgerald和Spiegel（1985）亦發現在故事回憶時，閱讀困難的孩子無法說出有順序且內容豐富的故事，經常是缺少了某些重要的結構內容，甚至混亂了各結構內容之間的時序關係，說出的故事內容缺乏結構順序。

　　故事結構知識往往會隨著年齡而發展，年長的孩子故事組織與複雜性比年幼者強，回憶故事及重述故事時，較能說出有順序且豐富內容的故事（Fitzgerald & Spiegel, 1985）。這樣的故事基模能力應該是一般學齡兒童所具備的，但閱讀障礙者卻未如此隨著年級的提升而逐漸成長，經常是高年級卻停滯在中、低年級的閱讀能力（Montague, 1988），許多針對故事結構的研究中，都發現閱讀困難者與一般人之間的故事基模能力差異（Fitzgerald & Spiegel, 1985; Gersten, 1998; McConaughy, 1980; 1982; Montague,

1988; Wilkinson, Elkins, & Bain, 1995）。Wilkinson 等學者（1995）針對弱讀者與優讀者所做的研究發現：弱讀者對於故事插曲與各事件間的關係覺知能力較優讀者差，需要這方面的直接教學介入；Montague（1988）比較學習障礙生與一般生運用故事結構過程的差異，讓學生聽、讀故事後回憶故事時發現：故事內容的資訊單位量與主角的內在回應量上，學習障礙生比一般生少，需針對目標、動機、想法、主角的感覺等故事結構進行直接教學。

簡言之，閱讀障礙者較一般讀者不擅長運用故事基模來理解故事內容，進行故事內容回憶時，常常次序紊亂；或是加入無關的事件，而這些事件多半與個人經驗、感受有關，但非來自於閱讀內容；或對主角的內在反應缺少洞察力。從發展的角度來看，閱讀障礙者故事基模的成長較慢，如果沒有明確的（explicit）教導，他們並不會隨年紀增加而自然學會。

第三節

 故事結構教學的相關研究

針對閱讀障礙者無法掌握文章結構的問題，可經由故事結構分析的引導，促進閱讀時的理解，系統化的教導故事結構元素，以促使孩子逐漸掌握內容的基本元素，進而掌握內容的主要概念。此時分析故事結構成為一種學習的鷹架，讓教學者協助學生組織閱讀內容，進而了解重點（Gersten, 1998）。許多相關研究（如：Dimino et al., 1990; Gambrell & Chasen, 1991; Gardill & Jitendra, 1999; Gurney, Gersten, Dimino, & Carnine, 1990; Idol, 1987; Idol & Croll, 1987; Kuldanek, 1998; Schirmer & Bond, 1990; Simmons, 1993; Vallecorsa & DeBettencourt, 1997）都證實故事結構法教學有其效用（黃瑞珍，1999）。

如何將故事結構策略運用於閱讀障礙的教學中？是否有其特定適用的對象？如何設計有效的教學方法？實施後的成效如何？茲將相關的教學研究成果整理如表 5-1，以方便比較。以下便就研究對象、教學情境、教學設計與研究結果四部分，分述如下：

一、研究對象

　　研究的主要對象大多鎖定為學習障礙中閱讀有困難的孩子，其中 Newby、Caldwell 和 Recht（1989）進一步針對讀寫障礙的特徵，依其障礙的不同設計不同的故事結構地圖；Schirmer 和 Bond（1990）更針對聽覺障礙者進行研究，研究對象的年齡層涵蓋國小低年級至高中階段，適用的對象頗為廣泛。雖說就學校閱讀教材而言，國小低、中年級以故事體文章為主，進入高年級後已逐漸增加說明體文章比重，但顯然這種文章結構認知策略訓練的適用性並不受此限制，只是在運用時教學重點須因應學習者的不同而異。其呼應了 McConaughy 所提的故事結構內涵：故事基模是隨著年紀而成長的，年紀小的孩子理解故事的重點在於內容的事實與結果（Kuldanek, 1998），年紀漸長後，逐漸加強故事內容中所隱藏的情節、主角的企圖與各事件間的因果與時序關係（Gurney et al., 1990），同樣採用故事結構法來理解故事，但所要理解的故事結構重點其實並不相同。

二、教學情境

　　在教學的安排上，一對一的個別教學與小組教學最常被採用，採取團體教學的有三個：Gambrell 和 Chasen（1991）、Idol（1987）、Simmons（1993）。探討閱讀障礙生在團體教學介入時之效果，團體教學介入多以普通學生為教學設計重點，閱讀障礙生人數只占全體的一小部分；使用個

別教學介入則因顧及教學效果。確實，為因應閱讀障礙生的個別差異，個別介入比團體教學顯得更能顧及其特殊需求，但在一般教學情境的實際狀況中，除了注重教學效果外，教學的成本效益也是非常重要的。將故事結構教學設計得更為實用，達到有效又有效益，以小組教學的方式進行介入也是可行的方法之一。

三、教學設計

在教學設計方面，許多研究中提到了鷹架學習的概念（Dimino et al., 1990; Gambrell & Chasen, 1991; Gardill & Jitendra, 1999; Gurney et al., 1990; Idol, 1987; Idol & Croll, 1987; Kuldanek, 1998; Simmons, 1993; Vallecorsa & DeBettencourt, 1997），強調逐步引導故事結構策略，由教師示範、師生與同儕的共同討論協助、終至學生獨立使用。研究者將鷹架學習的概念自然的運用於教學過程中，其中包括了故事朗讀、定義各項結構元素、使用提問策略來找出結構內容、使用故事結構地圖來提升閱讀理解及寫作故事等不同層面，都必須先由教師示範、師生與同儕合作、學生獨立等過程的鷹架導引。Gersten 也強調教師藉由放聲思考，示範如何逐步達成目標的方法，經由語言的分享，師生或學生之間建立溝通的橋樑，直到學生能獨立完成活動，才逐步移除教師的示範或協助（Gersten, 1998; Gersten & Dimino, 1989）。因此在設計教學過程時，示範、引導、獨立三個階段必須逐步漸進。

此外，讀寫合一介入的概念亦出現在一些研究中（Dimino et al., 1990; Gambrell & Chasen, 1991; Schirmer & Bond, 1990; Simmons, 1993; Vallecorsa & DeBettencourt, 1997）。Vallecorsa 和 DeBettencourt（1997）討論到閱讀與寫作能力的類化效果，該實驗分為兩個階段，在第一階段的閱讀介入期因為還未教導寫作技巧，寫作能力無法因為閱讀理解的提升而類化。進入

第二階段的寫作介入期後，因為學生已經學習故事結構的閱讀理解策略，此時雖然不再有閱讀課程的介入，但學生不僅寫作能力獲得提升，閱讀理解能力亦持續提升，達到類化的效果。針對學習障礙學生的教學課程，閱讀與寫作技巧都需要直接教導，只要學生學會了該項認知策略，是可以產生類化效果的。

不過，這些研究設計中的書寫能力，多為故事寫作的訓練，在教學設計上，先教導學生學會故事結構策略來提升故事的閱讀理解能力，等到逐步熟練結構策略後再加入寫作策略的教導，使學生寫出掌握結構要素的故事內容。雖說是讀寫結合介入，但在設計中仍需分為兩個介入階段（先熟練閱讀策略，再加入寫作訓練），進而結合兩者，期能達到彼此類化的增強效果，而且這類讀寫合一的研究對象多集中於國小中年級以上的學童。

四、研究結果

（一）提升故事結構能力

故事結構方面的評量，可藉由教學中所收集的故事結構筆記單、提問故事結構性問題等進行。故事結構性問題是引導學生掌握故事主要結構的教學工具，同時也是評量工具，多以問答題的方式來呈現，各個研究中所設計出來的問題不盡相同，繁簡不一，必須配合所規劃的教學重點與目的而定。整體而言，儘管研究中所採用的故事長度與深度不盡相同，研究對象也各異，但在這方面的研究結果幾乎都呈現積極的成效（Dimino et al., 1990; Gambrell & Chasen, 1991; Gardill & Jitendra, 1999; Gurney et al., 1990; Kuldanek, 1998; Schirmer & Bond, 1990; Simmons, 1993），顯示故事結構教學對學生的故事結構能力有所提升。

（二）提升故事理解能力

　　故事理解能力的評量，則有提問故事內容理解性問題與標準化閱讀理解測驗兩項。前者探討的是學生對於研究中的故事教材理解能力是否獲得提升，其必須依照各篇故事內容編製理解問題，可以採用選擇題或問答題的方式來提問，用以評量學生使用故事結構策略閱讀故事後對於故事內容的理解程度，內容理解問題大致包括基本字義理解題與內容推理題兩類。整體而言，經過實驗教學後，故事內容的理解能力也呈現積極的提升成效（Dimino et al., 1990; Gardill & Jitendra, 1999; Idol, 1987; Idol & Croll, 1987; Kuldanek, 1998; Schirmer & Bond, 1990; Vallecorsa & DeBettencourt, 1997）。

　　若再進一步比較不同層面的理解問題，研究結果出現了差異。Dimino等學者（1990）的研究中指出，故事結構教學對故事細節的記憶成效較大，但Gurney等學者（1990）的研究則發現，教學對於故事基本字義的記憶方面缺乏成效，並解釋其原因可能在於教學著重在問題解決能力上，而非記憶內容細節。因此，基本字義與推理能力的提升成效應視教學重點而定，並未有其定論。

　　至於比較標準化的閱讀理解測驗結果在實驗前後的差異情形（Idol, 1987; Idol & Croll, 1987），可用於進一步了解閱讀理解能力的增長情形。在上述兩項實驗中也都呈現出提升的效果，顯示學生學會故事結構策略之後，不但可以運用於理解實驗中的故事教材，整體的閱讀理解能力也因此獲得提升。

（三）提升口語重述與書寫故事能力

　　閱讀後讓學生有重述故事的機會，也就是讓學生有再次重整與組織資訊的練習，方式有口語與書寫兩種（Dimino et al., 1990; Gambrell & Chasen, 1991; Gardill & Jitendra, 1999; Idol & Croll, 1987; Kuldanek, 1998; Schirmer &

Bond, 1990; Simmons, 1993; Troia, Graham, & Marris, 1999; Vallecorsa & DeBettencourt, 1997），從中評量受試者的口語重述與書寫故事大意的能力。探討的重點在於分析重述與書寫故事內容中，所包含的句數、結構元素與內容的複雜性等，這方面的研究結果也獲得不同程度上的提升。但這種評量的方式常因學習障礙生口語表達或書寫表達能力的缺陷，而在結果上呈現不同的個別差異情形（Gardill & Jitendra, 1999; Schirmer & Bond, 1990），在使用時特別值得注意。

表 5-1　故事結構教學相關研究摘要表

研究者（年代）	研究對象	教學設計	成效
Fitzgerald & Teasley (1986)	1. 國小四年級閱讀低成就學生 19 人。 2. 比較故事結構教學實驗組與一般語文教學對照組之差異。	1. 階段一：五項故事結構元素教學。 2. 階段二：覺識故事各部分的相關與時序關係。	1. 故事結構教學實驗組在故事組織、內容品質、結合性、創造性方面都較控制組獲提升。 2. 兩組學生在故事內容時序與因果關聯則無差異。
Idol & Croll (1987)	1. 9 至 12 歲閱讀障礙學童 5 人。 2. 進行一對一的教學。	1. 介入期：對故事地圖的成分進行解釋，協助學生使用故事地圖，直至能獨立使用。完成故事地圖單後，鼓勵學生重看故事以加上細節，最後完成問題單。	1. 對故事內容的理解，學生獲明顯的提升，並達持續的效果。 2. 故事重述時，地點、主角、目的、情節及問題的描述有增加，但故事發生的時間

表 5-1　故事結構教學相關研究摘要表（續）

		2.維持期：學生能獨立完成故事地圖單，並且回答理解問題。	及結果描述則沒有明顯進步。 3.閱讀的正確性及速度獲改善。
Idol (1987)	1.國小三、四年級學童27人。 2.分為三組，實驗組兩組各有11人（學習障礙生5人混在其中），控制組5人進行一般教學。 3.班級團體教學。	1.介入期一：先解釋故事地圖成分，團體逐步完成故事地圖單。 2.介入期二：閱讀後先獨自完成故事地圖單，再經團體討論完成團體故事地圖單。 3.介入期三：學生獨自完成地圖單及問題單。 4.維持期：完成問題單，不需故事地圖單的輔助。	1.對故事內容的理解，實驗組獲得提升。 2.一般生與學習障礙生都呈現改善，團體中有低成就的學生不會妨礙一般學生的進步。
Newby, Caldwell, & Recht (1989)	1.5位8至10歲讀寫障礙學生，其中2位為語音處理問題、3位為視覺處理問題。 2.進行一對一的教學。	1.先解說故事結構元素及其使用，故事結構呈現方式依障礙的不同類型而異。語音處理困難者以圖形呈現結構圖；視覺處理困難以文字呈現結構圖。 2.完成故事結構圖表後，看著圖表再重述一次故事。	1.朗讀和識字的正確性，沒有呈現實驗效果。 2.故事內容的重憶，呈現緩慢而穩定的進步。

表 5-1　故事結構教學相關研究摘要表（續）

Schirmer & Bond (1990)	1. 10 至 11 歲聽障且閱讀能力落後者 4 人，其中 3 位全聾，1 位重聽。 2. 小組教學。	1. 使用 Directed Reading Thinking Activity 教學策略。 2. 以問題提問方式來引導學生探討故事結構，最後重述故事。 3. 最後加入使用寫作圖示單，練習故事寫作。	1. 重述時的故事結構、主題及計畫性都呈現提升，並減少了對圖畫的依賴。 2. 故事結構的理解能力提升。 3. 能寫出結構較完整的故事。
Gurney, Gersten, Dimino, & Carnine (1990)	1. 高中學習障礙生 7 人。 2. 隨機分配成三組，2 人為一組教學。 3. 兩組為實驗組，一組為控制組，只進行傳統教學法。	1. 說明使用故事結構教學的目的，解釋故事的四個主要結構元素，學生使用結構表輔助閱讀並完成結構單。 2. 提出問題引導檢索故事結構，逐步讓學生獨立使用故事結構單。	1. 教學著重於問題解決而非記憶內容細節。故理解性問題的正確性有提升，但內容基本問題的答對率則沒有呈現實驗效果。 2. 大部分的學生都喜歡故事結構教學。
Dimino, Gersten, Carnine, & Blake (1990)	1. 九年級學生22 人，內含有 6 位學習障礙與 2 位身障生。 2. 分為二組，一組為故事結構教學實驗組，一組為	1. 直接教學階段：解釋故事結構元素與結構單的使用，逐步教導學生找出衝突與問題、主角、企圖、解決問題等四個結構元素。	1. 故事結構教學對故事結構的理解、對故事細節的記憶、故事重述的內容、故事主旨的掌握都有正面效果。

表 5-1　故事結構教學相關研究摘要表（續）

	傳統教學控制組。	2. 協助使用階段：呈現故事結構筆記單，協助學生完成，再逐步抽離協助。 3. 獨立完成階段：鷹架學生的學習，經由模仿教師、團體討論直至能自己完成學習。	2. 故事結構教學能提升學生學習興趣。
Gambrell & Chasen (1991)	1. 40 位閱讀理解能力低落的四、五年級學生。 2. 分為兩組，實施不同的故事結構課程教學。一為明示的故事結構教學實驗組（ESSI）；一為故事結構覺識教學實驗組（SSAI）。	1. ESSI 課程逐步引導學生使用故事結構分析法，分為三個步驟——解釋故事結構元素、故事舉例練習、直接教學的逐步建立。 2. 逐步引導的過程為：教師使用放聲思考法示範故事結構策略的使用、使用問題引導學習寫作、學生練習獨立學習。 3. SSAI 課程缺乏逐步引導的明確教學策略，其餘相同。	1. 明示的故事結構教學組學生寫出的故事內容結構較複雜。 2. 明示的故事結構教學對故事的開頭、回應、企圖、結果等結構元素有正面成效。 3. 明示的故事結構教學提供學習時的鷹架協助，使教學效果更佳。

表 5-1　故事結構教學相關研究摘要表（續）

Simmons (1993)	1. 93 位八年級學生，其中包含 10 個有讀寫問題的學習障礙生。 2. 分為兩組，一組為讀寫結合教學實驗組，一組為讀寫分開教學控制組。	1. 階段一：使用鷹架策略，由教師示範、同伴討論、獨立練習等逐步引導學生使用故事結構法來輔助閱讀。 2. 階段二：教導寫作策略並結合故事結構分析法，再經由鷹架的逐步引導學習。 3. 階段三：去除故事結構單的鷹架輔助，獨立完成寫作。	1. 讀寫結合課程在寫作能力上呈現較佳效果。 2. 讀寫結合課程在故事結構中的情境、主角、企圖等部分呈現較佳的效果。 3. 讀寫結合課程效果優於讀寫分開課程。
Vallecorsa & DeBettencourt (1997)	1. 3 位 13 歲國中學習障礙生。 2. 進行一對一的教學。	1. 閱讀介入期：介紹故事地圖要素與使用，提問問題協助理解，並教導學生使用故事地圖單作為閱讀的輔助工具，直至去除地圖的協助。 2. 寫作介入期：六次閱讀課程後，加入寫作的介入，使用故事地圖來形成寫作計畫，並完成寫作，直至去除地圖的協助。	1. 學生的閱讀理解及寫作能力都獲得提升。 2. 寫作課程介入期出現閱讀理解能力的類化，雖然此時閱讀課程已結束，但 2 位學生的閱讀理解仍持續提升，呈現教導認知策略的類化效果。 3. 閱讀課程介入期未出現任何寫作能力的提升，此

表 5-1　故事結構教學相關研究摘要表（續）

			時這些學習障礙者尚未具備技能，故直接教學仍有其必要性。
Kuldanek (1998)	1. 6 至 7 歲學習障礙生 10 人。 2. 小組教學。	1. 教學介入前：先進行相關主題的環境布置與活動暖身，注重學習動機的引發。 2. 故事結構教學：先由閱讀故事來引導故事結構的了解，再教導故事框架的使用，逐步引導去除協助，直至獨立學習。 3. 故事重述策略教導：教導策略並以視覺形式呈現策略於環境中，逐步引導故事重述的熟練。	1. 故事結構與閱讀理解能力都獲得提升。 2. 引起動機的相關活動，激發更佳的學習效果。 3. 故事框架屬於較簡單的故事結構，在引導閱讀理解時是有效的學習策略。 4. 結合故事重述策略，學生練習使用口語再次組織閱讀內容，對閱讀理解有增強的效果。
Gardill & Jitendra (1999)	1. 六至八年級的學習障礙生 6 人。 2. 2 人一組進行教學。	1. 示範階段：解釋故事結構分析法，由教師示範使用的策略。 2. 引導階段：誘發學生反應，逐漸去除教師的示範。	1. 故事結構與基本內容的理解方面，呈現正面的提升效果。 2. 故事重述時，內容所含的故事結構元素有增加，

表 5-1　故事結構教學相關研究摘要表（續）

		3.獨立學習階段：學生彼此討論，教師僅作監控。	但字數與句數方面的效果卻不穩定。 3.學生喜歡故事結構教學，認為有助於記憶。
Troia, Graham, & Marris (1999)	1.五年級有寫作問題的學習障礙生 3 人。 2.進行一對一的教學。	1.寫作策略介入前，先教導學生熟悉故事的五大元素及結構。 2.寫作策略介入：教導學生使用精心計畫策略，策略包括訂定主題、腦中閃現的想法；依次序排列所有的想法；完成自選的家庭作業。結合故事結構分析法，逐步引導直至能獨立完成。	1.系統化的寫作策略教學改善了故事寫作結構及長度。 2.故事寫作技能類化至短文的寫作。

資料來源：陳姝蓉（2002）。

第四節

有效的故事結構教學原則

從以上的文獻探討中，可以歸納出幾項有效的故事結構教學原則，包括：明確教導故事結構、使用鷹架式的教學模式、以視覺圖示輔助學習，

以及口手並用，茲說明如下：

一、直接教導明確的故事結構策略

Gambrell和Chasen（1991）曾比較明示（explicit）與隱含式（implicit）故事結構教學成效，結果發現明示的故事結構策略有較佳的教學成效。事實上，考慮到學習障礙學生的學習特性，教師應該將故事結構策略直接教導給學生，包括進行故事結構元素教學以協助學生建立內在的心智故事結構圖；教師使用提問策略以引導學生找出故事內的重要資訊；最後希望能讓學生學會自己提問結構問題等。教學課程分階段逐步進行，讓學生能在閱讀理解和寫作活動當中自然的運用這些結構策略。

二、逐步引導學生學習故事結構策略

Gersten在提到故事結構教學法的使用時，強調經由教師放聲思考的方式，示範如何逐步達成目標的方法；經由語言的分享，師生或學生之間建立溝通的橋樑，直到學生能獨立完成活動，才逐步移除教師的示範或協助（Gersten, 1998; Gersten & Dimino, 1989）。鷹架學習的概念在老師將此學習策略內化至學生身上時，占有相當重要的地位。因此，我們必須在教學過程中作適當的安排，由具體而抽象、由團體討論而個別學習、由教師示範方法到學生獨立作業，逐步的引導並去除對學生的協助，最後期待學生能內化故事結構策略，在閱讀中獨立使用這樣的策略。

三、圖示故事結構

Beck 和 McKeown（1981）在研究故事結構時，為了找出更容易讓兒

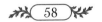

童了解故事結構的方法，建議以視覺圖示的方式將故事中最主要的結構元素呈現出來，形成一張故事地圖。顯然，使用圖示或表列出故事結構，加上了視覺的對照刺激，是一種非常好用的方法，因此在日後的研究中常被大家所採用。在教學時，故事地圖有兩個用處，提供視覺圖像線索的故事地圖單可以幫助學生組織故事結構內容，完成後的故事地圖單更可以當成結構線索來協助完成重述故事。

四、結合口語及書寫的訓練

　　閱讀後讓學生有重述故事的機會，也就是讓學生有再次重整與組織資訊的練習，同時也確認學生閱讀理解狀況。不論是口語重述故事或是重寫故事都是很好的方式。進行口語重述與書寫重寫故事的訓練時，故事結構地圖正好可以作為一種協助的學習工具。

第六章

分享閱讀

　　「分享閱讀」（shared book reading）最初的想法係由學者 Don Hold-away（1979）提出，他觀察到家中父母和孩子共讀的方式，總是一邊讀一邊說故事，讓孩子找一找、說一說書中的人、事、物或字，在愉快的閱讀氣氛中，將書本的概念、字音—字形知識教導給孩子。他認為親子共讀的模式也可以在學校閱讀教學中被複製，只要老師掌握主要精神，改用大書（將原書內容放大）彌補班級人數較多、一般書本過小看不清楚的問題，此教學法普遍使用於學童語文萌發期（學前和低年級）。本章將從分享閱讀的理念基礎以及實際作法兩部分談。

分享閱讀的理念基礎

　　閱讀為何要分享？事實上，「分享」對初學閱讀的孩子和已經學會閱讀的人都很重要。對幼小的孩子而言，有大人或較成熟個體（如：哥哥、姊姊、高年級同學、同儕中閱讀程度較佳者）的伴讀，孩子比較有機會讀更多他們想讀卻未能獨力完成的書。透過別人的帶領，孩子不用字字費力斟酌，他們才有餘力想像書中情節與理解故事，享受閱讀的趣味，同時他們也有機會模仿人閱讀的方法，又可以增進閱讀量。

　　對於已經學會閱讀的人而言，「分享」的延伸意義比較是在「討論」的層次。由於閱讀是讀者和文本互動的歷程，即便是同一本書、同一篇文章，不同的讀者閱讀後的觀點也不盡相同；透過團體或小組的討論，讀者可以看到、聽到不同的切入點，對於故事的理解將更多元。此時，閱讀討論的功能就如同參與電影評論一般，讓看電影的人注意到一部片子不同的重點，可能是導演的拍片手法、演員的演技，或是原著和電影改編的差異；透過電影討論，觀影人對電影的了解就不只是一般泛泛的劇情描述而已。

　　筆者歸納分享閱讀的理念基礎主要來自兩方面：(1)大量閱讀對於提升閱讀能力有極大的幫助；(2)透過鷹架式的協助，讀者可以擴展其原有的閱讀能力。茲分述如下：

一、大量閱讀對閱讀能力之影響

　　一般人常發現一個現象：常閱讀、樂於閱讀的人，閱讀能力越來越好；反之，很少閱讀、不喜歡閱讀的人，閱讀能力越來越受限（Cipielewski &

Stanovich, 1992），加拿大的學者 Stanovich（1986）將此現象稱為馬太效應（Mattew Effect），就像現今財富差距一般，富有的人越富有，貧窮的人越貧窮。Juel（1988）也發現，低閱讀能力的孩子到了四年級，大約只有20%的孩子說他喜歡閱讀，如果閱讀和打掃房間兩件事讓學生選擇，約有40%低閱讀能力的孩子寧可選擇打掃房間也不願意閱讀，相較之下，只有5 % 閱讀能力好的孩子選擇打掃房間。雖然，閱讀量和閱讀興趣的消長未必是因果關係，但從先前的研究中不難發現，兩者常會同時出現，而且隨年級的增長，其間的密切度越明顯。

不少研究也指出學童字彙的習得，多數不是透過學校的教學，而是從大量的閱讀中無意間習得的（Lee, 1997; Nagy, Anderson, & Herman, 1987; Shu, Anderson, & Zhang, 1995）。Jim Trelease 發現豐富的詞彙絕大多數來自於閱讀，一般人口語交談中，大概只用到五千個基本字彙，即便年齡增長，常用口語詞彙量仍然在五千字左右，但是在閱讀時將會有許多「生僻字」，而一個人的語文程度高下，往往取決於對「生僻字」了解的多寡（沙永玲、麥奇美、麥倩宜譯，2002）。也就是說，單從看電視或是和別人交談中能獲得的字彙量有限，但是閱讀就不同了，會因為閱讀主題和性質（如：漫畫、繪本故事、小說、報紙、科學刊物、財經分析等）的差異，而呈現多樣化的詞彙，使用的字彙量也遠超過一般口語詞彙。

基於大量閱讀對個體閱讀能力之影響，一些教學方案開始紛紛效尤，如：Elley（1991）使用書潮方案，提供大量書籍給學習英語作為第二語言的學生，結果獲得極佳的成效。另外，像閱讀復甦方案（Reading Recovery）也運用大量閱讀的策略，讓讀寫困難的孩子每天至少讀二本書，並且可以把書借回家溫習，這些教材多是老師根據孩子目前的能力加以選擇的，或是由孩子自行挑他想看的主題，讀物的難度逐步加深，不斷給孩子多一點點的挑戰（王瓊珠，1999）。

二、鷹架理論對閱讀的啓示

俄國心理學家 Vygotsky（1978）曾論及人類如何從自身的文化中學習，他說：「一個孩子的文化成長主要是來自兩方面，首先是立基於社會的層次，後來再建構於個體的層次，前者重視個體間的互動，而後者則是個體內的轉化。」換言之，個體成長的動力不止是內在因素而已，更因著人際間的互動（外在因素）而豐富其文化內涵。他提出鷹架理論的看法，將個體被動的等待發展轉為主動的學習，他認為在大人或是較有能力的同儕協助之下，個體可以表現得比現狀更好，而個體獨立表現與他人協助後的表現之間的差距稱為「最佳潛能區」（ZPD）。分享閱讀對於初學閱讀的孩子而言，大人的協助等於是提供鷹架一般，讓孩子有機會閱讀稍微超出他現有能力的讀物，並從中學習書和文本互動的方式、書本的概念、字音—字形的知識，以及閱讀的樂趣。

過去有不少教師對閱讀是抱持由下而上的想法，一心一意想先打好學生拼音和識字的基礎，再進行短篇文章的閱讀，對於閱讀能力差的孩子是否能讀長一點的故事抱以懷疑的態度，他們只期望學生把課本的生字、生詞弄熟，也因為這種想法的限制，弱讀者永遠比不上同儕的閱讀量，很難趕上原班的進度。而分享閱讀的想法並不是要老師忽略學生基本字詞學習的重要性，而是提供另一個協助閱讀的方法，讓學生有機會讀故事，願意參與閱讀的活動。

第二節

分享閱讀的方法

要如何進行分享閱讀？大體而言，分享閱讀的教學原則包括：(1)以開放式問題引導孩子參與問題討論；(2)運用不同形式導讀故事；(3)連結孩子既有的先備知識；(4)邊唸邊指文字，亦可以重複朗讀數次，增加孩子注意文字的機會；(5)閱讀後可以各種形式的活動增加孩子對故事內容的體驗，以及(6)對孩子的反應保持彈性應對，不要限制孩子只能說正確答案（引自 Anderson et al., 2002）。至於具體的引導步驟與實例請見下頁專欄文章。簡言之，分享閱讀主要是透過大人的協助，以提問、引導或示範的方式，讓孩子在大量閱讀中獲得書本概念和基本的閱讀策略。

有心的家長或教師如何開始著手與孩子共讀呢？筆者綜合 Jim Trelease 多年推廣為孩子朗讀的經驗，以及參與中美合作共讀實驗計畫（Anderson et al., 2002）的經驗，歸納數項和孩子共讀與朗讀時的重要原則（王瓊珠，2002），說明如下：

- 在朗讀前，一定要提書名、作者與插畫家的名字，建立孩子對書本的概念，無論這本書唸過幾次。
- 在朗讀前，讓孩子有幾分鐘的時間定下心來，準備好心情，聆聽故事。如果是延續上次的故事，先回顧上次講到哪裡。
- 在第一次讀該本書時，可與孩子討論封面與書中的插圖。問問孩子：「你認為這張圖在說些什麼？」
- 在朗讀時，經常問孩子：「你認為接下去會發生什麼事？」增加孩子的參與感。
- 在重複朗讀預測性的故事時，偶爾在關鍵字或句子停下來，讓孩子

接著唸。

- 不要唸太快，讓孩子有時間看書中的文字和圖畫，並思考問題。

- 朗讀者要先讀過故事書，熟悉故事內容，以決定哪些地方可以縮減、刪除或是強調。如果不會判斷，朗讀者就照著原文唸。不過最好避開對話冗長的小說，因為聆聽者不容易弄懂誰在說話。

- 每天為孩子安排一段固定時間說故事，不求時間長，即便專注十分鐘都好，只要有空就一讀再讀。

- 讀完故事後和孩子一起討論故事當中有趣的情節。但切記不要變成隨堂測驗，不斷問一些題目，只想測試孩子是否記住故事細節。要讓聽故事的時光充滿愉悅，愉悅的心情和閱讀活動相連結之後，以後孩子就比較願意閱讀。

- 當孩子問到你也不懂的問題時，帶著孩子一起查參考書，開拓他的知識範圍。

專欄：如何進行分享閱讀的步驟與實例
——以《不會噴火的龍》（小魯出版）為例

第一步：介紹、談論、閱讀一本新書
➤跟孩子展示封面，邀請他們討論插圖
老師可以讓小朋友一起看《不會噴火的龍》的故事，問問他們：「你們看看這裡（指封面）畫了什麼？」「你看到一隻大恐龍在噴火，有沒有讓你想到什麼？」「一旁的小恐龍坐在石頭上在想什麼？牠跟大恐龍一樣會噴火嗎？」

➤ 告訴孩子故事的標題，邀請他們預測故事內容

現在我們要唸的故事叫《不會噴火的龍》，你們猜猜看這個故事在講什麼呢？

➤ 以戲劇性的方式朗讀故事，之後可以邀請他們對內容稍做討論（不用提問過多的問題）

老師開始唸第一頁：阿寶是一隻胖胖龍，最喜歡游泳，但是，阿寶很**不快樂**（語氣強調），因為，牠的爸爸、媽媽經常告訴牠：「你是一隻純種高貴的噴火龍。記住，只能噴火，**不能噴其他亂七八糟的東西**（語氣強調）。」

老師不妨停頓一下，問說：「哇！原來阿寶是一隻很高貴的噴火龍呢，牠幹嘛不快樂呢？你們猜得出原因嗎？」稍作討論（不必給對錯）後，繼續往下讀。

➤ 鼓勵孩子聽完故事後，用自己的話說說看（可以一邊說一邊看圖）

聽完故事之後，哪位小朋友可以跟大家說一說這個故事？（或告訴小朋友回家之後，說給家裡的人聽，聽完之後讓他們的家人在聯絡簿上簽名）

➤ 重讀故事，邀請他們在文中一些重複的地方接著唸，或輪流唸（強調意義和趣味）

老師可以唸：阿寶是一隻胖胖龍，最喜歡……（游泳）（註：刮號內的東西由小朋友接），記住……，只能……（噴火），不能噴其他……（亂七八糟的東西）。

第二步： 重讀熟悉的故事
➡等孩子熟悉數個故事後，可以讓他們挑選一本最喜歡的書重讀。 ➡重讀的時候，讓他們有更多的機會跟讀。 ➡建立孩子對書本的概念，不妨邊讀邊指字，指引閱讀的方向。 ➡教孩子認識書的樣子，例如：哪裡是封面？哪裡是封底？作者（插畫者）是誰？故事的插圖和文字有什麼連結？ ➡讓孩子意識到書寫文字的規則。例如：什麼是字？字和字之間有空格、標點符號的大概意涵。
第三步： 發展閱讀的技巧和策略
➡隨著閱讀能力的逐漸開展，老師可以教孩子一些讀寫的技巧與策略，例如：字和聲音的對應、字的形狀、從上下文及其他線索猜字、建立朗讀流暢性等。
第四步： 鼓勵獨立閱讀
➡在班上的一個角落設圖書區，擺放曾經讀過的書本，孩子可以自行翻閱。 ➡鼓勵孩子自己選喜歡的書唸，或是和別的同學一起看。

參考資料：Vacca, Vacca, & Gove (2000: 97-98).

總而言之，共讀既是朗讀給孩子聽，也是引領孩子探索文字世界的方法。透過共同閱讀可以讓孩子建立書本概念、認識故事結構、尋找問題解決的方法，在愉悅的心情中學習閱讀。大人可以用輕鬆的態度面對，不要將讀故事變成做功課或考試，而是讓閱讀成為生活的一部分，即使不讀故事，隨處可見的標誌與招牌（如：站名、工地告示牌、餅乾的包裝說明、車票等）都是隨機教學的材料，無須拘泥於有形的書本。對於閱讀障礙學生而言，閱讀缺陷可以透過閱讀能力較佳的大人（或同儕、手足、學長姐）

從旁協助，經由共讀的方式，讓他們獲得更豐富的知識。大量朗讀固然不能消除閱讀困難，但是若沒有大量閱讀，學童將欠缺諸多相關的背景知識和口語詞彙，不想閱讀卻想提升其閱讀興趣與能力無異是天方夜譚。家長與老師不要忽視和孩子共讀的功效，雖然看似簡單，影響卻深遠。

PART II
研究篇

第七章

分享閱讀加故事結構
教學研究

分享閱讀加故事結構教學研究，係國科會補助的計畫案——「讀寫能力合一補救教學系列研究」（NSC91-2413-H-133-014）（王瓊珠，2003）之一，本章將就研究背景、目的，以及研究方法等幾方面討論。

第一節

研究動機與目的

在資訊發達的時代，人們每天的生活已和閱讀密不可分，從上學求知、看報紙讀新聞、了解股票漲跌情形、看分類廣告找房子和工作、到超市買菜、上街購物、找搭車站牌、決定看電影的場次、上館子點菜、上網發送

e-mail 等等，食、衣、住、行、育、樂幾乎都少不了閱讀。閱讀儼然成了新一代的知識革命（齊若蘭，2002），各先進國家莫不熱切推動閱讀活動，因為主事者了解到學童的閱讀能力將成為未來國力的一部分，而我國也將 2000 年訂為「兒童閱讀年」，為提升所有孩子閱讀的質與量而努力。

不過，有一群孩子雖然智力中等或中等以上，但閱讀能力卻遠在應有的成就水準之下（如：三年級學生，閱讀程度只有一年級），而低落的閱讀表現也不是因為生理感官障礙、情緒障礙、家庭文化不利或是不當的教學使然，這群有閱讀障礙的孩子彼此間又有差異，他們約略分成三大組型：低閱讀能力者（low ability reader）、特殊性閱讀障礙者（specific reading disabilities），以及非特殊性閱讀障礙者（nonspecific reading disabilities）（洪碧霞、邱上真，1997；Aaron & Joshi, 1992），都有待研究發現更有效的方法補救其障礙。

王瓊珠（2001a）曾回顧 1978 年至 2000 年國內 107 篇有關讀寫障礙的研究，結果發現多數的論文（91 篇）出版於 1995 年之後，研究主題以探討後設認知教學、識字教學，和與閱讀能力直接或間接相關之認知因素的研究為主，其中又以閱讀相關的認知研究為數最多。換言之，目前國內讀寫障礙研究的重心仍是以探討造成障礙的因素為主，以量化或是評量方式進行的研究占多數，對於如何將理論上的發現轉化至實際教學情境的實證研究仍不多見，根據王瓊珠先前的文獻回顧只有 24 篇，占全部研究的 22.4%。

值得注意的是，回顧的 24 篇教學實驗中，扣除重複的 8 篇，共計 16 篇。1 篇（張英鵬，1997）為感覺運動方案成效之探討，6 篇為後設認知教學或是閱讀策略教學實驗（林玟慧，1995；林建平，1994；胡永崇，1995；詹文宏，1995；劉玲吟，1994；蘇宜芬，1991），多在 1995 年以前完成。1995 年以後，有 9 篇論文探討識字教學的成效（呂美娟，2000；李淑媛，1999；林素貞，1998；施惠玲，2000；秦麗花、許家吉，2000；陳秀芬，

1999；陳靜子，1996；黃秀霜，1999；傅淳鈴，1998）。後設認知或是閱讀策略訓練的對象主要是國小高年級以上的學童，策略教學活動設計多由上而下，由外而內。研究者通常先參酌國外的理論架構和訓練內容，設計一套課程訓練國內的學童，實驗內容不全然從學童自身的需求出發。至於識字教學多從中文字的特色著眼，由於範圍特定，成效較為顯著，但遷移效果也較有限；部分研究指出將識字教學融入閱讀中或許對結果有加分效果。識字教學由於特定的教學目標局限教材內容，教學效率不佳、缺少篇章的閱讀評量是普遍的限制。另外，多數實驗研究為求變項間的關係明確、單純，研究者通常只針對特定的幾項技巧進行教學，但是由於閱讀障礙學生的學習遷移能力較弱（陳靜子，1996），老師教什麼他們才會什麼，沒教的便不太會舉一反三，因此，特定策略的教學固然較易顯現實驗成效，但是反面效應——策略固著——也不能忽略，而且單獨強化後設認知策略，閱讀理解技巧或是識字策略也與學校內的教學現況有差距，更讓實務工作者難以直接套用研究中的教學策略。

　　因此，雖然特殊教育實務界對讀寫障礙補救教學的需求一直不斷，但是國內目前的教學研究量並不夠，且在實驗教學的設計上通常為顧及結果的解釋性，多將教學實驗變項局限在某種特定的方法上，使原本學習遷移能力不強的學習障礙學童日後獨立學習更困難。因此，研究者認為增加讀寫障礙之教學研究有其必要性，但首先要思考的問題是：什麼是有理論證據支持（evidence-based）的補救教學？它具備哪些條件？

　　綜合各家研究，研究者歸納出有理論根據的讀寫補救教學之重要原則，包括：(1)重視早期介入；(2)控制作業難度，提高學習成功率；(3)透過鷹架式教學，促進自我監控技巧；(4)明示學習策略和思考歷程；(5)密集式的教學，以及(6)一對一或是小組教學，呼應學生之特殊需求。其詳細說明如下：

（一）早期介入（或預防）很重要

從諸多的研究中，「我們已經學到如果等到孩子顯現閱讀困難時才介入都太遲了——我們必須早日發現其徵兆，並進行預防性的教學」（McCardle, Cooper, Houle, Karp, & Paul-Brown, 2001: 184）。然而過去限於教學內容，多數的研究並未針對低年級，甚至是學前疑似讀寫障礙高危險群的孩子進行教學。依照特殊教育的鑑定程序，讀寫障礙屬於學習障礙的一類，其鑑定基準有三：(1)智力正常或正常程度以上者；(2)個人內在能力有顯著差異者；(3)注意、記憶、聽覺理解、口語表達、基本閱讀技巧、閱讀理解、書寫、數學運算、推理或知覺動作協調等任一能力表現有顯著困難，且經評估後確定一般教育所提供之學習輔導無顯著成效者（教育部，2002）。其中個人內在能力有顯著差異一項，多數仍使用智力—成就有顯著差異來判斷，因此，常常要等到小學三年級或以上，確定讀寫能力有顯著落後（例如：只有一年級程度）才接受特殊教育的服務，甚至因為不分類身心障礙資源班的服務量有限，學習障礙者未必有機會享有特教資源服務，許多讀寫障礙孩子便錯失早期介入的好時機。

（二）提高成功率的學習

Vaughn、Gersten 和 Chard（2000）綜合美國特殊教育辦公室（the Office of Special Education）和國立學習障礙研究中心（the National Center for Learning Disabilities）長期的研究，發現對學習障礙學生重要的教學原則之一是控制作業的難度，維持學生高成功率的學習。因為長期處於學習失利的學生，常常會自信心不足，不敢去嘗試暴露弱點的事，讀不好就越不敢去碰書本。因此，在教材難易度的掌握就必須小心，Clay（1993）認為最好讓孩子有 90%～95%的成功率，如此，孩子方才遊刃有餘來監控自己的理解，否則光是唸一小段都極為困難，等唸到後面也差不多忘了前面的意

思。王瓊珠（2001b）發現個案會隨著作業難度的改變而調整策略的運用，當作業難度落在 90%～94%時，閱讀障礙學童較能自我更正朗讀失誤，同時降低過度依賴某特定策略。

（三）促進自我監控技巧

促進自我監控技巧（directed response questioning）指的是學生能夠在問題解決之際自己提出問題，或是對文本進行放聲思考（thinking aloud）（Kucan & Beck, 1997）；有些學者稱它為後設認知（metacognition）（Brown & Palincsar, 1982）。當學習者可以邊閱讀邊提問，監控自己的理解狀況，顯示教學者已經將策略成功地轉移至學習者。因此，如何促進個體自我監控技巧就成為教學者關注的焦點，目前鷹架式教學（scaffolded instruction）被認為是促進自我監控的途徑之一。鷹架協助可包括兩種型態：一是將教學步驟做仔細分析，按部就班依據學生的需求調整協助的尺度；另一種是透過學習者和教學者（或較成熟個體）間的對話，讓學習者將處理事情的歷程內化成自我的一部分（Foorman & Torgesen, 2001）。例如：教師提供學生文章結構圖幫助他們釐清文章重點，或教師在教學中以提問方式促發學童思考和調整閱讀策略，以使其成為更有效率的讀者；或是經由同儕互助，一起討論文本內容，皆是一種鷹架式教學（Fuchs, Fuchs, Mathes, & Simmons, 1997; Gersten, 1998）。

（四）明示學習策略與思考歷程

讀寫困難的學童和一般學童不同，如 Gaskins、Ehri、Cress、O'Hara 和 Donnelly（1997）所言，他們無法自行發現老師未言明、複雜的詞彙規則。許多對學習障礙學童的教學實驗也都指出：相對於隱含式的策略教學，教師透過具體示範和解說，明示學習策略與思考歷程的教學方式對學習障礙學生最有助益（Foorman & Torgesen, 2001）。

（五）密集式教學介入

對於讀寫表現落後同儕的學童，他們需要密集式的教學介入以獲取更多練習機會鞏固學習的內容，才有可能迎頭趕上，彌補與同儕之間的落差（Foorman & Torgesen, 2001）。何況學習障礙學童多有記憶方面的缺陷，斷斷續續的學習不易見效，每次教學光是複習前次教過的內容就占去大半時間，學習新事物的時間便相對減少許多。

（六）一對一或小組教學

「分組是教學中一項可變的因素，它能有效地影響學生的參與度和學業進步」（Vaughn, Gersten, & Chard, 2000），據研究指出，對學習障礙學生比較有利的分組方式是一對一教學（Torgesen et al., 2001）或是小組教學（Wise, Ring, & Olson, 1999），小組教學的人數又以三至四人為佳。如果考量現實環境，在學校特殊教育體制中一對一教學較少出現，所幸只要人數得宜，小組教學也能達成不錯的效果。同時小組教學的另一項優點是增加同儕之間的討論與互動，按 Vygotsky 的見解，社會互動也是使個體心智成長的方式之一。

由於閱讀困難具有延續性，且影響層面又不僅止於學科學習，它甚至關係到個人將來的就業與生計（Lerner, 2000），因此如何早期發現學童的閱讀困難並做教學介入已經是目前許多研究的重點（柯華葳、游婷雅譯，2001；McCardle, Scarborough, & Catts, 2001; Snow, Burns, Griffin, 1998）。從以上的討論中，雖說閱讀教學原則似乎已有共識，但是什麼樣的教學模式最有效卻一直是一個爭議的話題。閱讀教學從早期強調技巧的模式（skills-emphasis model），主張閱讀發展係奠基於許多特定的技巧之上，如拼讀字母、認字母、識字（形音義）、造詞、明白文法規則等，當各種技巧具

備後才能流暢閱讀。到後來又出現全語言模式（whole-language model），其主張正好與強調技巧的模式教學反其道而行，該學派認為閱讀能力不是由眾多的小技巧堆砌而成，想培養學童閱讀能力最好的方法就是讓他們沈浸於完全的（holistic）讀寫環境之中，他們的能力自然會「萌發」，技巧指導只在必要時才做提示，但絕不是語文教學的主角。目前另一個比較中庸之道的教學主張是平衡式教學模式（balanced teaching model），即是融合技巧模式和全語言模式的優點，一方面讓學童沉浸於大量的讀寫活動之中，但同時也明示識字解碼的基本技巧，讓學童有更多的機會將這些技巧用於閱讀情境之中（Pressley, 1998）。

　　以一項早期介入讀寫補救教學方案——閱讀復甦方案為例，該方案是針對二年級語文學習有困難的學生所做的補救教學，這些學生的讀寫能力大約在全班倒數的 10%～20%之間。學生被找出來之後，老師採一對一個別化教學，每週上課 5 天，每天 30 分鐘，約 12 至 20 週左右，學生可以趕上原班級孩子的程度，便回歸至普通班級，老師就再接另一個個案進來。王瓊珠（1999）歸納該方案的特色有：(1)以追求意義的理解為閱讀的主要目標；(2)在真實的情境中進行讀寫教學；(3)大量閱讀；(4)讀寫合一，以及(5)提升學習的成功率。此外，在閱讀的過程中，一旦孩子運用了有效的策略來解決困難，老師便予以讚美。例如：當孩子遇到生字，他停下來看看圖片和想想前後文再唸下去，老師便會讓他了解剛才的策略是很棒的舉動，下次他還可以再嘗試。換句話說，老師並不是先單獨傳授孩子破解難題的招式，而是試著引出孩子原有的能力並加以強化，以提升孩子內在的自控能力（Clay, 1991）。

　　當我們將閱讀復甦方案和前六項讀寫補救教學的重要發現相比對，不難發現該方案許多精神和新近的發現相呼應，例如：早期介入以預防閱讀困難問題日益嚴重，強化學童之閱讀自我監控能力，密集和一對一教學，以及控制教材難易度，提升成就感的教學。不同之處是關於老師直接明示

學習策略的部分，該方案教學比較不強調直接跟學生做示範，而是以間接提示法讓學童藉由老師的帶領去發現規則。另外，閱讀復甦方案呼應全語言教學的主張——不脫離真實的讀寫情境，個別練習閱讀相關的技巧，並且大量閱讀。事實上，無論是直接明示教學原則，或是給予學生大量的閱讀時間，都是受到研究支持的優良教法（Gambrell & Mazzoni, 1999; Purcell-Gates, 1998）。目前閱讀復甦方案的施行以英語系國家為主，雖然效果多受肯定（Clay, 2001），但批評的聲浪亦有之（Center, Wheldall, Freeman, Outhred, & McNaught, 1995; Center, Wheldall, & Freeman, 1992; Shanahan & Barr, 1995），包括：方案成本高又只能照顧到少部分的學生，研究方法不夠嚴謹等。至於如何將它轉化成到中文習得當中，則仍有許多未明確或待修正的地方，例如：中文字詞書寫指導如何融入故事閱讀中？參與教學實驗之學童的讀寫能力是否能持續成長？如何調整評量方式以考驗教學成效？（王瓊珠，2001c）。因此，吾人以為在現有的教學方案中加入其他研究支持的元素，重新設計以適用於國內讀寫障礙學童的教學方案是值得努力的方向。

總括地說，國外的教學方案雖然可作為我們的借鏡，但並不適合全盤照抄，畢竟中文書寫系統有其特殊性。再者，從現階段台灣的讀寫障礙研究成果來看，教學方面的研究無論質或量都還有努力的空間。職是之故，本計畫案一系列的教學實驗便希望奠基於已經有證據支持的教學原則之上，參考閱讀復甦方案的形式，設計符合國內讀寫障礙學童（或閱讀困難高危險群學童）適用的教學內涵。由於原方案所包含的教學策略十分多元而複雜，教學者恐怕難以在短時間內全盤改變既有的教學方式，因此，本研究以循序漸進的方式，逐步增加實驗的項目，以較充裕的時間發展各段所需的教材和進行教師培訓工作。

本系列研究包括三大階段，第一階段擬以增加閱讀量、提升閱讀興趣，以及增進故事結構概念為目標，透過分享閱讀的方式配合討論，由老師帶

領學生大量閱讀故事，依循鷹架教學原理引導學生掌握故事的基本架構。第二階段擬結合閱讀與書寫教學，再將國字和短句書寫納入教學實驗中，以全面提升學童的讀寫能力為目標。第三階段的計畫擬追蹤參與實驗的學童在停止教學介入之後的讀寫表現，是否能維持水準並持續進步中，並將教學材料電腦化，作為日後推廣之用。

本階段（即第一階段）的研究目的茲分述如下：

1. 探討分享閱讀加故事結構教學對國小讀寫障礙學童閱讀理解之影響。

2. 探討分享閱讀加故事結構教學對國小讀寫障礙學童故事結構能力之影響。

3. 探討分享閱讀加故事結構教學對國小讀寫障礙學童口述故事能力之影響。

4. 探討分享閱讀加故事結構教學對國小讀寫障礙學童識字之影響。

5. 探討分享閱讀加故事結構教學對國小讀寫障礙學童寫字之影響。

6. 探討分享閱讀加故事結構教學對何種類型讀寫障礙學童最有效益？

第二節

研究方法

一、研究設計

第一階段的教學實驗採用單一受試研究法 AB 設計，實驗分為兩個部分：基準線階段（A）與教學介入階段（B），其中階段B又按逐變標準設計的精神，細分為 B1、B2、B3 三個小階段，依據鷹架教學理念，教學方式從教師大量支持到逐漸去除，B1 階段為示範期，B2 階段為引導期，B3

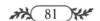

階段為獨立期，每個時期的通過率亦事先訂定標準。為了解教學實驗的維持成效，於教學結束二週後再進行後測，此階段在研究中稱為「維持期」（以 A'表示）。

研究之自變項為分享閱讀加故事結構教學，依變項為個案之閱讀理解、故事結構概念和基本讀寫字表現，其中故事結構概念又分為書面和口述兩方面；前者是指個案在故事結構單上的作答情形，後者是指個案於教學後故事重述之內容涉及故事結構的部分。

整個實驗在基準線階段（A）時教學者並未施以任何故事結構教學，僅以傳統的方式帶讀文章，解釋不懂的詞彙後，請學生填寫故事結構問題單並重述故事。在 B1 示範期階段，教師以放聲思考示範六個故事結構，以短篇故事或基準線階段的閱讀教材為例，明示思考歷程，在充分的練習下，使學童了解每個故事結構元素的意義。在 B2 引導期階段，教師引導學生搜尋故事結構，對於正確的答案老師可以鼓勵，錯誤或不完整的答案，老師可以拋問問題探索，若依然答錯，老師可以公布正確解答。在 B3 獨立期階段，由學童自行寫故事結構單，老師在此階段不必給太多對錯的回饋，但可以和學生討論他如何想到答案的方法。至於維持期階段（A'）是在教學實驗結束二週後再給予至少三篇短篇故事，了解學生在故事結構單和故事重述部分保留的效果。此階段不進行任何教學，但是學生對故事中的生字或生詞不懂時，老師可以解釋給學生聽，方式同基準線階段。

二、研究對象

研究對象為台北縣、市國小二至五年級讀寫障礙學童。由於國內特教法規並無針對讀寫障礙訂定標準，依照特殊教育的鑑定程序，讀寫障礙屬於學習障礙的一類，其鑑定基準有三，分別是：(1)智力正常或正常程度以上者；(2)個人內在能力有顯著差異者；(3)注意、記憶、聽覺理解、口語表

達、基本閱讀技巧、閱讀理解、書寫、數學運算、推理或知覺動作協調等任一能力表現有顯著困難，且經評估後確定一般教育所提供之學習輔導無顯著成效者（教育部，2002）。

本研究對象之篩選標準乃以此為參考架構，篩選個案的條件包括：(1)智力正常或正常程度以上者，即個案在兒童魏氏智力測驗第三版（簡稱WISC-III）之得分不低於 85（以全量表、語文或作業量表分數最佳得分計）；(2)基本讀寫能力或閱讀理解能力低於百分等級 25 者；(3)排除感官、智能、情緒等障礙因素或文化刺激不足、教學不當等環境因素所直接造成之結果。

原有受試 23 位（男生 15 人、女生 8 人），但因為轉學（1 人）和個人因素（5 人），如：學習意願低、智力分數未達標準等，而無法繼續參與實驗的個案共有 6 位，所以，最後的研究對象共有 17 人（男生 11 人、女生 6 人），其中，國小二年級者有 3 人、三年級為 6 人、四年級為 3 人、五年級為 5 人，男女比例接近 2：1，個案的生理年齡介於 7 歲 4 個月到 11 歲 1 個月之間，受試的智力分布多介於 85〜100 之間，接受性口語詞彙能力亦屬於中等或以上程度居多，而識字表現極低的個案（PR ＝ 10 以下）有 12 位，閱讀理解篩選測驗的部分以低分組受試最多，共有 15 人，基本讀寫字能力則多落於一至二年級的水準居多，遠低於一般同年齡的學生，所有個案的基本資料整理如表 7-1、7-2 和 7-3。

表 7-1　受試基本資料一覽表

編號	化名	性別	年級	生理年齡	智商（魏氏）
1.	小馨	女	三	8 歲 5 個月	語文：77、作業：95、全量表：83
2.	小杰	男	三	8 歲 9 個月	語文：85、作業：65、全量表：72
3.	小婷	女	五	10 歲 4 個月	語文：110、作業：82、全量表：96
4.	小壬	男	四	9 歲 9 個月	語文：89、作業：102、全量表：95
5.	小貞	女	三	8 歲 4 個月	語文：92、作業：90、全量表：90
6.	小方	男	五	11 歲 1 個月	語文：89、作業：92、全量表：88
7.	小文	男	三	8 歲 5 個月	語文：88、作業：82、全量表：83
8.	小瑜	男	三	8 歲 11 個月	語文：89、作業：97、全量表：91
9.	小暄	男	二	7 歲 4 個月	語文：103、作業：112、全量表：107
10.	小乙	男	四	9 歲 6 個月	語文：79、作業：99、全量表：86
11.	小政	男	五	10 歲 11 個月	語文：93、作業：86、全量表：88
12.	小逸	男	五	10 歲 7 個月	語文：76、作業：85、全量表：77
13.	小佳	女	四	9 歲 11 個月	語文：67、作業：93、全量表：77
14.	小珊	女	五	10 歲 10 個月	語文：94、作業：81、全量表：86
15.	小紹	男	二	7 歲 9 個月	語文：85、作業：101、全量表：92
16.	小淳	女	二	7 歲 8 個月	語文：84、作業：93、全量表：86
17.	小峰	男	三	8 歲 8 個月	語文：90、作業：102、全量表：95

表 7-2　受試前測結果一覽表

| 編號 | 中文年級認字量表 | | 閱讀理解篩選測驗 | | PPVT-R | | 基本讀寫字綜合測驗 | | | | | | | |
| | 原始分數 | 百分等級 | 通過率 | 解釋 | 原始分數 | 百分等級 | 看字讀音 | | 看字造詞 | | 看注音寫國字 | | 聽寫 | |
							原始分數	年級對照	原始分數	年級對照	原始分數	年級對照	原始分數	年級對照
1	13	2	.33	低分組	56	14	9	小於 0.9	7	小於 0.9	2	小於 1.4	4	小於 1.4
2	13	2	.50	低分組	60	21	14	小於 0.9	16	小於 0.9	4	1.4	1	小於 1.4
3	117	79	.65	低分組	105	53	49	2.4	49	2.9	18	2.1	31	2.7
4	13	2	.33	低分組	56	14	9	小於 0.9	7	小於 0.9	2	小於 1.4	4	小於 1.4
5	23	4	.38	低分組	73	53	43	1.5	33	1.2	10	1.7	15	1.9
6	108	86	.15	低分組	98	34	50	2.9	49	2.9	47	大於 3.4	36	3.0
7	15	2	.44	低分組	68	39	18	小於 0.9	20	小於 0.9	1	小於 1.4	6	1.4
8	30	4	.55	低－中分組	78	66	34	1.1	35	1.3	9	1.6	11	1.7
9	10	12	.67	中分組	91	93	18	小於 0.9	19	小於 0.9	4	1.4	8	1.5
10	96	77	.30	低分組	39	2	47	2.0	49	2.9	15	2.0	20	2.1
11	50	3	.25	低分組	107	58	39	1.2	40	1.7	16	2.0	19	2.0
12	46	2	.35	低分組	99	37	42	1.4	42	1.9	16	1.6	12	1.7
13	7	1	.45	低分組	85	29	12	小於 0.9	12	小於 0.9	3	小於 1.4	0	小於 1.4
14	93	71	.60	低－中分組	75	58	36	1.1	31	1.1	10	1.7	16	1.9
15	6	4	.33	低分組	73	68	23	小於 0.9	25	0.9	5	1.4	7	1.5
16	3	1	.44	低分組	73	68	23	小於 0.9	9	小於 0.9	2	小於 1.4	2	小於 1.4
17	16	2	.22	低分組	76	61	19	小於 0.9	20	小於 0.9	6	1.5	6	1.4

表 7-3 受試基本能力分布

項目	分數分布（人數）		
智力（全量表）水準	70～84（5）	85～100（11）	100 以上（1）
識字量百分等級	25 以下（13）	25～50 以上（0）	50 以上（4）
PPVT-R 百分等級	25 以下（4）	26～50（5）	51 以上（8）
閱讀理解通過率	低分組（14）	低分－中分組（2）	中分組（1）
看字讀音年級水準	一年級以下（9）	一至二年級（5）	二年級以上（3）
看字造詞年級水準	一年級以下（9）	一至二年級（5）	二年級以上（3）
看注音寫國字年級水準	一至二年級（13）	二至三年級（3）	三年級以上（1）
聽寫年級水準	一至二年級（13）	二至三年級（3）	三年級以上（1）

三、研究工具

　　研究工具分為兩部分，一是篩選研究對象的工具，一是評估實驗教學成效的工具，兩者有部分內容重疊，但不盡相同。篩選研究對象所使用的包括：WISC-III、PPVT-R、中文年級認字量表（黃秀霜編製，2001），基本讀寫字綜合測驗的「看字讀音」、「看字造詞」、「看注音寫國字」和「聽寫」（洪儷瑜、張郁雯、陳秀芬、陳慶順、李瑩玓編製，2003），閱讀理解困難篩選測驗（柯華葳編製，1999），以及簡易的檢核表，用以初步排除非學習障礙者。評估教學成效的工具，包括標準化讀寫測驗和非正式評量，標準化讀寫測驗用於實驗教學前和後的成效評估，非正式評量——故事結構概念測驗則用於每個實驗階段效果的評估，從基準線至維持期，其詳細內容茲分述如下。

（一）中文年級認字量表

　　該測驗的目的在於評估受試在沒有注音符號的輔助下可以單獨認多少字，適用的對象從國小一年級到國中三年級。評量的方式為看國字讀音，全部測驗共計 200 個字，依照難度分為十個等級，從最簡單的第一級排至最難的第十級，每個難度等級有 20 個字，每行有 10 個字，排成 20 行，施測是以個別方式依序進行，連續唸錯 20 個字便停止施測，每字 1 分，最高分為 200 分，最低分為 0 分。兒童在測試中自我校正成正確者，亦可得分。該測驗的重測信度介於.81～.95 之間，折半信度為.99；效標關聯效度國小階段為.48～.67。

（二）基本讀寫字綜合測驗

　　本測驗由洪儷瑜、張郁雯等人（2003）根據國立編譯館「國民小學常用字彙研究」資料庫（黃沛榮，1996）中最高頻的一千字所編製的標準化基本讀寫字評量測驗。全部測驗包括七個分測驗和兩個補充測驗：看字讀音、看字造詞、看詞選字、聽詞選字（以上為讀字評量）、聽寫、看注音寫國字、遠端抄寫和近端抄寫（以上為寫字評量）。目前已經建立國小一至三年級的信、效度，可以有效區辨三個年級的差異。本研究只取其中四項分測驗用，即「看字讀音」、「看字造詞」（兩者屬於讀字評量）、「聽寫」和「看注音寫國字」（兩者屬於寫字評量）。

1. 看字讀音

　　本測驗旨在評量學生形—音連結的再生能力，測驗內容為 50 個國字，每行 10 個字，由易到難，從上到下，由左至右排列。施測時採個別施測，請受試者逐字唸音，施測者以碼錶計時，記錄受試者之錯誤情形和全部作答時間，每唸對一個字音計 1 分，最高得 50 分。該測驗之折半信度在一至三年級介於.86～.98，內部一致性介於.82～.98。

2.看字造詞

本測驗旨在評量學生形─義連結的再生能力，測驗內容與「看字讀音」測驗相同，請受試者針對每個目標字造一個詞，施測者記錄受試者之反應，每造對一個詞得 1 分，最高得 50 分。該測驗之折半信度在一至三年級介於.78～.97，內部一致性介於.78～.97。

3.看注音寫國字

本測驗旨在評量學生根據注音及字義寫出字形之能力，共有 45 個目標字，1 字 1 分，最高得 45 分。施測時採團測方式，請受試者在空格填入正確的國字。該測驗之折半信度在一至三年級介於.67～.89，內部一致性介於.68～.89。

4.聽寫

本測驗旨在評量學生由詞彙聽音寫出字形的能力，共有 45 個目標字，1 字 1 分，最高得 45 分。施測時採團測方式，由施測者依序唸題，每題唸兩遍。該測驗之折半信度在一至三年級介於.78～.92，內部一致性介於.75～.91。

（三）閱讀理解困難篩選測驗

本測驗旨在評量學童：(1)由上下文抽取字義；(2)命題組合，以及(3)推理理解能力。題本分為國小二至三年級與四至六年級兩種，施測以團測方式進行，若受試者因為認字不足而無法閱讀時，施測者可以唸題目，讓受試者以聽覺理解方式作答。按通過率不同分為低、中、高組。

（四）故事結構概念測驗

故事結構概念測驗係自編的非正式評量工具，旨在評量學生於教學後對故事結構的了解。它又包括書面和口語兩部分，前者以學習單方式呈現，後者以重述故事方式呈現。

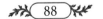

1. 故事結構單

依據故事結構教學內容，故事結構學習單內將分為六大部分：(1)主角和主角的特質；(2)時間與地點的情境；(3)主要問題或衝突；(4)事情經過；(5)故事的結局，和(6)主角反應。故事結構學習單在 B1「示範期」係由老師先個別教導六個故事結構後再作答，在B2「引導期」和B3「獨立期」，皆係於每次分享閱讀教學後作答再和老師對答案。不同的是，在「引導期」老師可於孩子作答時，複習六個故事結構的意義和提示搜尋的線索，但不直接告知答案，而「獨立期」則是只寫出六個結構的名稱，沒有呈現結構問題，學生必須先自己提問結構問題再作答，教師依照每個學生所出現的困難與問題給予個別協助與指導。評分標準見表 7-4，最低 0 分，最高 20分。評分時僅針對故事結構，不管錯別字或注音，書寫極度困難的學童可以用不同顏色的筆，在影印的故事備份上畫線，或是口頭回答再由老師記錄。

2. 故事重述

故事重述係於故事結構教學後，提供學童四張繪本的插圖（製成Power Point），請學童重述故事一遍。進行中老師不給予對錯的暗示，僅鼓勵孩子多說一些，如問問他：「還有沒有要補充的？」將每一次學童所講述的故事錄音。評分的標準同書面的「故事結構單」，最低 0 分，最高 20 分（見表 7-4）。另外，又參考 Fitzgerald 和 Spiegel（1985）口述故事的評分方式，對學童口述故事的品質加以評分，評分分成五個等級（見表 7-5），分別給予 2、4、6、8、10 分。若其內容雖符合該項等級的標準，但描述不清楚、出現部分錯誤、添加或失真情節的描述時，則酌扣 1 分，分數成為 1、3、5、7、9 分等，以區分能力之不同。此外，若內容無法清楚界定而介於兩個等級間時，亦評為兩等級間的分數，故口述故事的得分將介於 1 至 10 分之間。

表 7-4　故事結構評分標準

結構元素	說　　明	計分範圍
主角	寫對主角得 1 分，描述出主角特徵得 1 分。	0 至 2 分
情境	寫出主要地點或次要地點兩個以上得 1 分，寫出時間得 1 分。	0 至 2 分
主要問題	寫出事件的某個概念算 1 分，將事件概念完整描述出三分之二以上得 2 分。	0 至 2 分
事情經過	事件：寫出算 1 分，完整描述三分之二以上得 2 分。計分時以三件事件 6 分為最高得分，多寫不計分。	0 至 6 分
故事結局	寫出事件的某個概念算 1 分，將事件概念完整描述出三分之二以上得 2 分。	0 至 2 分
主角反應	反應：寫出主角的行動算 1 分，寫出感覺得 1 分。計分時以三個反應 6 分為最高得分，多寫不計分。	0 至 6 分

表 7-5　口述故事內容評分標準

等級	標　　準	給分
一	陳述性句子：句子間沒有因果關係串連，屬於片段式的陳述。	2
二	順序性句子：句子間有一些因果關係以及連接詞串連，但整體故事主題不明顯。	4
三	部分情節：句子能描述出具開頭與結尾的情節內容，句子間已呈現出某些程度的連貫與主旨，但省略了許多的情節內容與細節。	6
四	完整情節：句子較詳細的描述出完整的情節內容，但缺乏完整的結尾，對最後的結局交代不清楚。	8
五	複雜情節：對於主旨、順序、細節、結尾等都能很完整的交代清楚。	10

故事結構評量材料，在基線期與維持期階段係選自台灣省教師研習會在 1997 年編製一套共十二冊的《低年級國語補充讀物》難度相近的短篇故事各五篇。短篇故事的難易度以其內容總字數與相異字數作為排序，在基線期與維持期階段所使用的閱讀材料（見教材篇，表 9-1），總字數介於 318 至 689 字間，平均為 447 字；相異字數介於 136 至 249 字間，平均為 179 字。實施時，基線期與維持期皆至少需要三次的評量次數，第四與五篇為備用教材。

教學介入階段的評量材料則為短文（B1 示範期，見教材篇，表 9-2）或繪本（B2 引導期、B3 獨立期）。示範期教學結束後的評量材料係選自《小學生每日 10 分鐘閱讀》（金安文教機構出版），至少評量三次，第四篇以後為備用教材。其總字數介於 179 至 330 字間，平均為 239 字；相異字數介於 82 至 158 字間，平均為 114 字。

四、教學內容與方法

本實驗教學內容分為兩大部分：一是「分享閱讀」，另一是「故事結構」教學，前者為統整式閱讀指導，後者為分析式閱讀指導。實驗教學時間預計每週兩次，每次 40 分鐘，從 2002 年 11 月初進行至 2003 年 4 月止。

（一）分享閱讀教學

「分享閱讀」最早係由 Don Holdaway（1979）提出，他觀察到家中父母和孩子共讀的方式，總是一邊讀一邊說故事，要孩子找一找書中的人、事、物或字，在愉快的閱讀氣氛中，將書本的概念、字音—字形知識教導孩子，他認為親子共讀的模式也可以在學校閱讀教學中複製，只要精神不變，適時用大書（將原書內容放大）彌補班級人數較多，而一般書本過小的問題，此教學法可普遍使用於學童語文萌發期。簡言之，分享閱讀主要

是透過大人的協助，以提問、引導或示範的方式，讓孩子在大量閱讀中獲得書本概念和基本的閱讀策略。

（二）故事結構教學

「故事結構」係從 1900 年代初期人類學家分析民間傳說中演變而來的（引自 Dimino, Gersten, Carnine, & Blake, 1990）。他們發現儘管文化不同，人們在述說故事時都遵循著某種型態，故事中多包括：主角、問題或衝突、主角試圖解決問題的經過以及結局，後來這些元素被稱為「故事結構」，儘管不同的研究者有不同的故事結構元素（繁簡不等），但都大同小異。本研究所指的「故事結構」包括：(1)主角和主角的特質；(2)時間與地點的情境；(3)主要問題或衝突；(4)事情經過；(5)故事結局，和(6)主角反應。實驗過程中，依據鷹架理論各階段的教學方式亦不同，從教師大量支持到逐漸去除。其詳細的教學程序茲分述如下：

1. 示範期

學習初期學生尚不了解故事結構是什麼，所以首先必須進行故事結構的教學，使用的教材是簡易的短篇故事，以供學生練習找出故事中的結構內容，預計至少需選出適合兒童閱讀且結構完整的簡易短篇故事六篇。教學流程如圖 7-1，依序教導學生學習六項故事結構元素（主角與主角特質、情境、主要問題或衝突、事情經過、故事的結局、主角反應），配合短篇故事閱讀活動來進行，師生共同閱讀故事後，實際示範由故事中找出各項故事結構，再讓學生練習，依此完成所有結構的教導。

教學時必須先向學生簡要的解說故事結構策略與使用目的，為建立學生具體的概念，可將故事結構類比為具體物（如房屋），以加深學生學習印象與概念。以蓋房子的方式來呈現各個部分，進行故事結構的組合與說明，協助學生更容易了解結構的概念。

結束本教學階段前，須確定學生已能由短篇故事中找出六項結構內容，

學生至少要連續在兩篇短篇故事的六項結構內容中，沒有任何一項得分為0分，證實已習得上述六項結構後，始可進入下一教學階段。

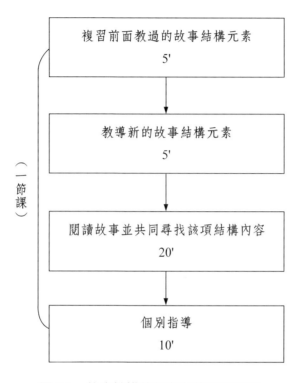

圖 7-1　故事結構教學階段教學流程圖

2.引導期

　　習得故事結構後，即開始進行故事繪本的閱讀，繪本的教學過程如圖7-2。第一節課的教學內容主要是運用分享式閱讀教學的內涵，包括：故事預測、圖片瀏覽、朗讀故事內容等活動，每項活動皆透過師生討論與對話的方式來進行，師生合力閱讀完一本故事書，讓學生在閱讀活動中能夠積極的參與，最後再針對故事內容中重要的語詞及語句進行說明與討論。

　　第二節課的教學重點在於故事結構的討論，教導學生在閱讀繪本時使用故事結構策略，由於此時學生尚無法獨自熟練的使用這樣的策略，必須

先以教師提問的方式來進行，教師逐一提問故事結構問題，然後師生共同討論找出問題的答案，透過討論的過程中，教師先協助學生完成故事結構學習單，再逐漸退除協助。最後學生再以口語重述故事的方式重新整理故事內容，重述故事時，學生可以看著四張插圖講故事。

在進入下一教學階段前，必須先確定學生掌握故事結構的能力已達相當的程度，通過標準為：至少連續三本書的故事結構問題單總分皆達 10 分以上，並且沒有任何一項結構元素的得分為 0 分時，始可進入下一階段的教學。

3.獨立期

本教學階段的教學過程和內容與上階段大致相同，唯一的差別在於故事結構的討論方式。進入本階段後，不再由老師主導，改由學生提問、學生回答的方式進行，再經由師生共同修正得出最好的答案。此時期的學習單為自我提問故事結構單，上面只寫出六個結構標題，並沒有將問題直接寫出來，學生必須先自己提問結構問題再作答，老師在此階段不必給太多對錯的回饋，但可以和學生討論他如何想到答案的方法。這個時期的通過標準為：至少連續三本書的故事結構問題單總分皆達 15 分以上，並且沒有任何一項結構元素的得分為 0 分時，始可進入維持階段。故事結構策略教學後，讓學生重述故事以進行故事內容的統整，進行方式如同前一階段，本階段的教學過程見圖 7-2。

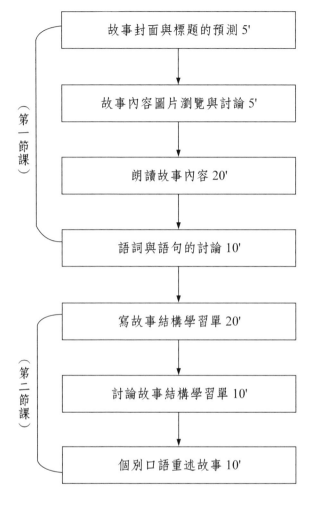

圖 7-2　繪本閱讀教學流程圖

五、教學材料

（一）教材來源

　　本研究所使用的閱讀材料主要有兩種：短文與繪本。以下分別就教材

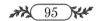

來源、教材難易度評量，與評分者一致性考驗等方面進行說明。

　　教學介入期分為三個階段，示範期（B1）的教學目標是讓學生學會辨識各項故事結構元素，閱讀材料不宜太難，使用難度簡單的短篇故事較為合適。研究者由坊間的課外閱讀教材讀本中挑選，選出具有完整故事結構的短篇故事十篇，六篇作為教學教材，四篇作為評量材料。

　　引導期（B2）及獨立期（B3）的教學目標在使學生學習使用故事結構策略以提升閱讀理解能力，故事內容的難易度應該以孩子的閱讀程度為考量基礎，選取符合孩子目前閱讀能力或比其能力稍簡單的故事繪本為閱讀基礎，再依課程的進行逐漸增加內容的長度與難度。為了增加受試者的閱讀動機，研究者擬定選用圖文並茂的故事繪本作為教學材料。故事繪本乃由所有實驗教師共同決定，在第一階段的師資培訓課程中，先培養實驗教師具備評選故事繪本的能力，再由繪本內容的討論與分享活動中選定本實驗教學所欲採用的所有繪本，合計十五本，所有教材內容整理於第九章（教材篇）。

（二）教材難易度評量

　　在教學介入期用的是國內出版的繪本。使用繪本的主要原因有二：一是避免學童落入「又是」上課和考試的刻板印象中，二是繪本的訊息量遠比教科書豐富，主題多樣性，可以按學童的興趣和程度選擇。但是繪本內容難易度的判斷是一項挑戰，國外多用「閱讀可讀性」公式（如：Dale-Chall readability formula）計算文章的難度（落在哪個年級水準），但是，以可讀性公式判斷初階兒童讀物的難易水準易有偏誤（Rog & Burton, 2002）。因此，本研究參考Rog和Burton（2002）、Peterson（1991）的架構，採用幾項指標：總字數、相異字數、文章可預測程度、插圖和文章關係的緊密程度、孩童對故事概念的熟悉度等，此外，再加上故事結構是否容易掌握，以作為判斷故事難易度的標準，其評分標準整理於表7-6。

預計實驗中將使用約計十本繪本教材，其餘五本為備用教材，教學使用時，實驗教師可視實際需要選擇自己要用的繪本教材，不需要每一本都教，但教學順序應按照由易而難的原則，不宜在教材順序上作過度的更動。

表 7-6　故事難易度評量項目

評估項目	評　定　結　果		
故事結構	1. 簡單清楚	2. 推理統整	
字彙／概念難度	1. 簡單	2. 適中	3. 難
故事可預測性	1. 高	2. 普通	3. 低
文字排版	1. 常態	2. 非常態	
總字數	1. 200 字以內 4. 601～800 字	2. 201～400 字 5. 801～1000 字	3. 401～600 字 6. 1000 字以上
相異字數	1. 200 字以內 4. 601～800 字	2. 201～400 字 5. 801～1000 字	3. 401～600 字 6. 1000 字以上
給分標準	• 每一項目以 6 分為上限，若有二種選項時，選第一、二項的分別給 2、5 分。 • 若有三種選擇時，選第一、二、三項的分別給 2、4、6 分。 • 若有六（或五）種選擇時，選第一、二、三、四、五、六項的分別給 1、2、3、4、5、6 分。		

（三）評分者間信度

　　閱讀教材難易度的評量項目中除了總字數與相異字數兩項可以具體計算出結果外，其餘四項皆為兩位評量者的主觀認定，為避免結果受單一評分者主觀因素的影響，由研究者與助理進行評分者間一致性考驗，其計算公式如下：

$$\frac{\text{甲乙評分者評分一致的次數}}{\text{甲乙一致的次數+甲乙不一致的次數}} \times 100\% = \text{一致性百分比（評分者間信度）}$$

得出結果如下：「故事結構」信度係數值為.73，「字彙與概念難度」信度係數值為.93，「故事可預測性」信度係數值為.73，「文字排版」信度係數值為1，整體之信度係數總平均值為.85。

六、研究程序

（一）徵求師資與培訓

　　實驗初徵求有意願參與實驗教學的國小特教教師，參加者涵蓋台北縣、市的教師共17名，在進行正式的教學實驗之前，所有實驗教學者需先接受閱讀教學訓練課程的研習，研習與實驗進行期間，有4位教師因故無法參與後續的教學實驗工作，最後，總計13位教師全程參與教學實驗工作。所有教師皆已具備合格特教教師資格，其中有6位教師兼具合格特教教師與普通教師兩項資格。特教年資方面，除了1位教師的特教年資只有一年外，其餘12位教師皆已具備四年以上的特教年資，最長的為九年，平均教學年資為八年，全為女性。

　　第一階段教學實驗的教師研習課程由2002年9月17日開始，利用每週二資源班教師進修時間，規劃出十一次研習課程，每次研習時間為三小時，研習內容包括建立實驗教學教師收集相關資料與施測的能力、探討分享式閱讀概念與故事結構教學法、編製故事結構閱讀教材等，第七次課程後完成基線期資料收集，進入教學實驗介入階段，第八、九與十、十一次研習則針對每位教師在教學過程中所發現的疑難問題進行討論。第一階段研習課程內容整理成表7-7。

表 7-7　第一階段研習課程內容

日期	研習內容	回家功課
2002-9-17	1.介紹研究計畫案的內涵、目標及方法。 2.訂立合作契約。 3.建立教學者基本資料表。	挑選可參與教學實驗的學生（至少一位）。
2002-9-24	• 介紹個案資料收集的項目： (1)識字。 (2)寫字。 (3)接收性語言（PPVT-R）。 (4)魏氏智力測驗（WISC-III）。	評估受試者的基本讀寫能力與智力。
2002-10-1	• 教導共讀的概念與方法。	練習教法（至少二次）。
2002-10-8	• 教導故事結構教學法： (1)示範不同階段的教法。 (2)示範學習教材。	練習教法（至少二次）。
2002-10-15	1.分享教學心得。 2.繪本挑選的條件。 3.如何評估文章的難易度。	收集可以教學使用的故事（至少十本）。
2002-10-22	1.討論準備的教材內涵。 2.編寫學習教材。	1.收集基線期資料（至少一次）。 2.確定（個案）實驗教材。 3.安排教學時間表（固定）。
2002-10-28	1.介紹教學期間收集的資料項目。 2.編寫學習教材（續）。 3.疑問澄清。	收集基線期資料（至少二次）。
2002-11-19	1.教學經驗分享。 2.問題與討論。	繳交基線期資料。

表 7-7　第一階段研習課程内容（續）

2002-12-17	1. 教學經驗分享。 2. 問題與討論。	繳交示範期教學階段資料。
2003-1-14	1. 教學經驗分享。 2. 問題與討論。	繳交引導期與獨立期教學階段資料。
2003-4-15	1. 教學經驗分享。 2. 問題與討論。	繳交維持期和後測資料 （截止日期 2003-5-20）。

（二）進行教學實驗

　　自 2002 年 11 月 20 日開始，每週預計進行兩節實驗教學課程，因為各校活動（如：校慶、運動會）時間不同，學生對教學內容與方式的反應不一，因此，每位教師進行的速度也不同，唯一控制的是閱讀材料與評分標準，以及根據當初訂定的通過標準作實驗階段的轉換，當學生已經熟悉故事結構的內容後（至少六項沒有一項得 0 分），才能進入另一個更難的階段。所以，在教學的次數上並未統一，有些教師能夠於第一學期結束便完成三個階段的教學實驗，有的教師則必須延至下學期，預計 2003 年 4 月完成所有第一階段的教學實驗。另外，在教學次數與時段彈性調整之餘，為儘量求得教學實驗方法的一致性，則請教師寫「觀察紀錄表」（參見附錄一），並至少錄影教學過程一次，以作為日後分析資料之參考。

（三）彙整各實驗階段資料

　　預計 2003 年 5 月至 7 月完成初步資料分析統計。資料包括：個案前後測評量、各實驗階段之故事結構學習單，以及故事重述錄音帶之逐字稿轉譯。

（四）撰寫成果報告並發表

預計 2003 年 7 月至 9 月完成。

第三節

結果與討論

依據研究目的，研究結果將分別就「故事結構能力」、「閱讀理解」、「識字」、「寫字」、「口述故事能力」、「教學成效與個案特質之關係」等面向，加以討論。

一、故事結構能力

（一）故事結構問題單評分者信度

本實驗中故事結構問題的答案為文字描述，評分方面較易受主觀因素所影響，故針對故事結構的評分進行評分者間一致性考驗。擔任故事結構問題單的主要評分者為實際參與教學工作的教師，每位教師皆負責其受試對象的教學及評分工作。由研究助理擔任另一位評分者，採分層隨機抽樣的方式進行，在每位受試者的各實驗階段（基線、示範、引導、獨立、維持等五個階段）中隨機抽取至少 1 篇故事進行評分（若該實驗階段的評量次數超過五次時，則抽取 2 篇），以了解評分者間的一致性，合計共抽取 82 篇故事進行評分，占全部資料的 28.6%。其計算公式如下：

$$\frac{\text{甲乙評分者評分一致的次數}}{\text{甲乙一致的次數＋甲乙不一致的次數}} \times 100\% = \text{一致性百分比（評分者間一致性）}$$

結果顯示每篇故事的六項結構評分中，兩位評分者最多可能出現有三項的差異（信度係數.50），共有 6 篇，但多數為差異在兩項以下的情形，且兩位評分者完全相同無差異（信度係數 1）有 38 篇。就結構總分而言，兩位評分者的評分差異並不大，整體信度係數總平均值為.86。

（二）各階段故事結構總分之通過率

根據表 7-8，個案在各教學實驗階段的表現整理如下：17 位個案多按原先訂定的通過標準——示範期 B1 故事結構總分不低於 6 分，引導期 B2 不低於 10 分，獨立期 B3 不低於 15 分——才進入下一個實驗階段，但個案 6、7、8（分別為小方、小文、小瑜）3 位在獨立期之階段平均數並未達 15 分的通過標準（見表 7-8）。

檢視原始資料發現，個案 6 與 7 是因為某特定單元（分別為「永遠吃不飽的貓」和「狐狸孵蛋」兩篇故事）的表現低落所致，非獨立期的表現普遍低落，因此可視為偶發事件的影響，例如：故事選擇對個案不適合。小方的老師曾提到該生對於「永遠吃不飽的貓」非常不能認同，他不相信一隻貓可以吃掉這麼多奇怪的東西，實在不合現實邏輯，該生說：「這本書很奇怪：吃東西的時候要嚼，牠的肚子裂開時，那些東西怎麼會原封不動的跳出來呢？」（引自教學觀察紀錄，2003 年 2 月 21 日），五年級的他不喜歡這樣類型的故事。但是其他小五的個案（如：小政與小逸）也同樣讀了「永遠吃不飽的貓」，他們的反應與表現就和小方不相同，其故事結構的總分分別為 16、17 分。因此，在故事結構教學時，故事的選擇除了考慮總字數、相異字數、文章可預測性、插圖和文章關係的緊密程度、孩童對故事概念的熟悉度、故事結構是否容易掌握外，若能再考慮個案對故事主題的偏好，或許更能獲得效果。

表 7-8　個案在各實驗階段故事結構概念之平均分數

受試編號	基線期 A	示範期 B1	引導期 B2	獨立期 B3	維持期 A'
1	4.0	9.7	16.3	19.0	17.7
2	7.0	12.3	15.7	18.3	14.0
3	9.0	14.3	15.7	16.3	16.7
4	8.0	11.0	18.0	17.3	14.7
5	3.8	11.0	12.0	16.0	14.7
6	8.7	11.3	10.8	13.6	14.7
7	5.8	8.7	12.4	14.3	12.0
8	5.0	9.7	14.8	13.7	12.5
9	3.0	7.4	12.2	16.7	12.0
10	6.0	13.7	18.0	18.7	14.0
11	5.3	10.7	16.0	17.0	18.7
12	2.7	11.0	16.0	17.0	17.7
13	5.3	10.4	13.3	15.4	14.7
14	9.3	10.0	16.0	16.0	14.0
15	2.3	9.3	12.0	17.7	11.3
16	2.7	8.3	11.5	16.7	12.0
17	2.7	9.7	11.3	16.8	15.0
平均	5.3	10.5	14.2	16.5	14.5

　　至於個案 8 為何沒能通過獨立期 B3 便結束實驗？研究者檢視教師的教學觀察紀錄發現，該師在教學時間的掌握上較預定的實驗進度慢許多，在 4 月中旬方才結束引導期 B2 的教學，加上越到後期學童所閱讀的繪本內容更長，難度更高，所以，在教學時間不足和故事難度增加之下，個案 8 的學習表現並未呈現穩定的狀態，便要匆匆結束教學。

（三）示範期（B1）與基線期（A）之比較

　　從表 7-8 得知，17 位個案在基線期故事結構總分之平均數落在 2.3～9.3 之間，平均數為 5.3，顯示多數學童在未接受故事結構教學前無法掌握故事結構之要素。但也有 6 位學童（個案 2、3、4、6、10、14）已初略具備故事結構的概念（故事結構總分在六分以上），只是各次的表現並不穩定。

　　進到示範期 B1 以後，17 位個案故事結構總分之平均數落在 7.4～14.3 之間，平均數為 10.5，較基線期 A 的平均分數多 5.2 分（進步的幅度從 0.7～8.3 分不等），顯示多數學童在老師示範之下，對故事結構元素的掌握遠較未教學前好，其中有 5 位學童（個案 5、10、12、15、17）在示範期 B1 階段平均較基線期 A 進步 7 分及 7 分以上，教學期和基線期的重疊百分比是 0%的有 10 位（占 59%）（見表 7-9），17 位學童中只有個案 14（小珊）的變化不大，由於她在基線期階段就已經對故事結構具備初略的的概念（M = 9.8），這一階段的教學對她的助益有限。

表 7-9　個案在各實驗階段故事結構總分重疊百分比

受試編號	01	02	03	04	05	06	07	08	09
B/A	0%	11%	0%	11%	0%	31%	20%	15%	0%
A′/B	100%	100%	100%	100%	67%	100%	100%	100%	100%

受試編號	10	11	12	13	14	15	16	17
B/A	0%	0%	0%	8%	40%	0%	0%	0%
A′/B	100%	67%	100%	100%	100%	67%	100%	100%

（四）三次教學期（B1、B2、B3）之比較

　　從表 7-8 得知，17 位個案在三個教學階段進步的情形不一，由於實驗

之初已經設定階段通過標準，因此，多數個案在故事結構得分都呈現逐漸穩定上升的趨勢，只有個案 3（小婷）在各階段之得分沒有明顯變化。她在示範期、引導期和獨立期故事結構平均總分分別為 14.3、15.7 和 16.3，換言之，當小婷接受故事結構教學後，她很快就掌握故事結構的要領（基線期 M＝9），由於基線期得分已經不低，因此再進步的空間便受限。

另外，研究者比較個案在三個教學階段的進步情形，發現有些個案在教學初期（示範期 B1→引導期 B2）便有顯著進步，包括個案 1、4、8、9、10、11、12 和 14 等 8 位學童，平均進步幅度從 4.3 分～7 分不等，從引導期 B2 開始，教學材料轉為繪本，許多實驗老師也觀察到，學生對繪本故事內容和插圖的喜愛甚於前期沒有插圖的短文故事，且閱讀的興趣也較高昂。顯示以繪本做為教材對近半數的學童（占 47%）掌握故事結構有明顯和立即的幫助，並能增進其閱讀樂趣。某教師曾寫到：

「一接觸到繪本，孩子們的反應就有了 180 度的轉變，他們的表情毫不掩飾地洩露了他們心中的秘密，不但人人願意讀，還主動要求要上閱讀課，在每次的互動中，孩子們一點一滴的進步，從被動的認識作者、繪者、出版社，到主動的互相討論；從不在乎圖片的存在與否、純欣賞圖片，到仔細觀察圖片以獲得更多的連結，……」

但也有部分個案到教學後期（引導期 B2→獨立期 B3）才有顯著的進展，包括個案 5、9、15、16 和 17 等 5 位學童，顯示他們需要較長的學習時間，才能掌握故事結構的要素。

綜而言之，多數學童在未接受故事結構教學前無法掌握故事結構之要素，但等進到示範期B1以後，個案在故事結構總分之平均數提升至 10.5，較基線期 A 的平均分數多 4.8 分，表示多數學童在老師示範之下，對故事

結構元素的掌握遠較未教學前好。而教學期和基線期的重疊百分比是 0%
的也有 10 位（59%），且由於實驗之初已經設定階段通過標準，因此，多
數個案在故事結構得分都呈現逐漸穩定上升的趨勢，顯示逐步去除教師的
協助，學童依然可以自己找尋故事結構的要素。本研究結果和先前許多研
究相同（陳姝蓉、王瓊珠，2003；Dimino et al., 1990; Gambrell & Chasen,
1991; Gardill & Jitendra, 1999; Gurney, Gersten, Dimino, & Carnine, 1990; Idol,
1987; Idol & Croll, 1987; Kuldanek, 1998; Schirmer & Bond, 1990; Simmons,
1993; Vallecorsa & DeBettencourt, 1997），皆發現故事結構教學有助於提升
學童對故事結構的概念。

　　17 位個案儘管在三個教學階段（B1、B2、B3）進步的情形不一，但
近半數的學童（占 47%）在教學初期（示範期 B1→引導期 B2）便有顯著
進步。雖然引導期 B2 的文章比示範期 B1 長，但學生對繪本故事內容和插
圖的喜愛甚於前期沒有插圖的短文故事，然而，繪本會因個案的興趣不同
而產生不同的效果。因此，在進行故事結構教學時，故事的選擇除了考慮
總字數、相異字數、文章可預測性、插圖和文章關係的緊密程度、孩童對
故事概念的熟悉度（Peterson, 1991; Rog & Burton, 2002）、故事結構是否容
易掌握之外，若能再考慮個案對故事主題的偏好，或許更能獲得效果。

（五）維持期（A'）與教學期（B1、B2、B3）之比較

　　17 位個案在維持期的平均表現普遍較前一階段（獨立期 B3）下滑，
若依照獨立期 B3 的通過標準——個案在故事結構之得分至少不能低於 15
分來說，維持期至少也要有 15 分的平均水準才算成功。但是，17 位個案
在維持期的故事結構平均總分只有 14.5 分，還稍低於低標的門檻，只有 5
位個案（編號 1、3、11、12、17）的表現高於或等於 15 分。不過，個案
在維持期階段的表現雖然稍稍下滑，但和教學期的重疊百分比為 100% 的個
案仍然占多數（占 82%），換言之，個案在後測的表現仍優於基線期（約

相當於引導期的水準），只是穩定性不足。

　　探究教學成效不穩定的原因可能是教學時間不足或過於匆促，在每個教學實驗階段，多數學童只閱讀三篇故事（約 6 次的教學）便過渡到下一個教學階段，以至於在個案未能完全掌握故事結構策略時，教學介入便因面臨學期結束而必須終止（如個案 8）；另外，本研究的個案在教學前，識字程度在百分等級 10 以下的識字極困難者有 12 位，教學後也還有 8 位，對於識字困難的個案，當維持期階段所閱讀的材料又變回沒有插圖的短篇故事時，讀者失去一項重要的線索（插圖），對於識字量不夠多的個案來說，顯然會增加閱讀難度，即便學童有故事結構概念，也可能無法充分發揮策略的效用。

二、閱讀理解

　　從表 7-10 和 7-12 得知，個案在「閱讀理解困難篩選測驗」前、後測得分之平均數（標準差）分別為.41（.15）和.49（.17），進步幅度約為 9%，是所有標準化讀寫測驗中成長最少的一項，雖然前、後測得分經相依樣本 t 考驗的結果有顯著之差異（$p < .01$）。若將個案在「閱讀理解困難篩選測驗」的通過率和常模相比，教學前僅有 3 位落入中分組的範圍，但是到教學後則有 6 位落入中分組的範圍，1 位進到高分組，不過還有半數以上的個案仍屬於低分組。

三、識字能力

　　從表 7-10 和 7-12 得知，個案在「中文年級認字量表」前、後測得分之平均數（標準差）分別為 40.29（39.45）和 56.63（41.21），識字量平均增加 15 個字，前、後測得分經相依樣本 t 考驗的結果有顯著之差異（$p <$

.001）。前測時，個案識字表現多偏低，有 13 位的識字量在 PR25 以下，當中的 12 位識字量更是在 PR10 以下，只有 4 位在 PR50 以上，其識字屬於中等程度者。經過一學期的教學實驗後，個案的識字表現在 PR10 以下

表 7-10 　個案在中文年級認字量表與閱讀理解困難篩選測驗前、後測之得分

| 編號 | 中文年級認字量表 | | | | 閱讀理解困難篩選測驗 | | | |
| | 前測 | | 後測 | | 前測 | | 後測 | |
	原始分數	百分等級	原始分數	百分等級	通過率	解釋	通過率	解釋
1	13	2	24	2	.33	低分組	.56	低—中分組
2	13	2	28	4	.50	低分組	.50	低分組
3	117	79	123	94	.65	低分組	.85	中分組
4	13	2	61	18	.33	低分組	.40	低分組
5	23	4	51	29	.38	低分組	.39	低分組
6	108	86	140	94	.15	低分組	.45	低分組
7	15	2	34	6	.44	低分組	.55	低—中分組
8	30	4	37	9	.55	低—中分組	.77	高分組
9	10	12	39	39	.67	中分組	.61	低—中分組
10	96	77	95	75	.30	低分組	.40	低分組
11	50	3	57	5	.25	低分組	.35	低分組
12	46	2	48	3	.35	低分組	.35	低分組
13	7	1	19	1	.45	低分組	.50	低—中分組
14	93	71	117	79	.60	中分組	.45	低分組
15	6	4	31	14	.33	低分組	.39	低分組
16	3	1	16	2	.44	低分組	.44	低分組
17	16	2	23	2	.22	低分組	.61	低—中分組

的個案數減為 9 人，其中<u>小壬</u>、<u>小貞</u>、<u>小暄</u>和<u>小紹</u>（編號 4、5、9、15）的識字量有較明顯的提升。不過，個案的識字量雖有明顯的進展（平均增長 15 字），但相對於常模而言，進步的幅度仍然有限，教學後仍有半數的個案識字量在百分等級 10 以下。

從表 7-11 和 7-12 來看，個案在「看字讀音」前、後測得分之平均數（標準差）分別為 28.53（14.64）和 39.35（10.3），識字量平均增加 11 個字，成長幅度約為 20%（滿分為 50 分）。前、後測得分經相依樣本 t 考驗的結果亦有顯著之差異（$p < .001$）。在前測時，有 9 位個案在「看字讀音」部分的表現低於一年級學生應有的水準，到後測時僅有 4 位的表現不及一年級水準，進步最顯著的個案為<u>小珊</u>（編號 14），她從原先只會讀出 36 個字到 50 個字全對。另外，在「看字造詞」的部分，個案前、後測得分之平均數（標準差）分別為 27.24（14.99）和 39.65（9.92），字義應用能力平均增加 12 個字，與「看字讀音」的成長幅度相近，而前、後測得分經相依樣本 t 考驗的結果亦有顯著之差異（$p < .001$）。在前測時，有 9 位個案在「看字造詞」部分的表現低於一年級學生應有的水準，無人達滿分 50 分，但是到後測時只剩 3 位的表現不及一年級水準，有 3 位已達天花板效應（50 題全對），分別為<u>小方</u>、<u>小乙</u>和<u>小珊</u>（編號 6、10、14），而他們也是在中文年級認字量表前、後測表現最佳的 4 位學童當中的 3 位。不過，由於他們已是四、五年級學生，「基本讀寫字綜合測驗」適用的對象為小一到小三的學童，該測驗並未能測試其最佳表現。

四、寫字能力

從表 7-11 和 7-12 得知，個案在「看注音寫國字」前、後測得分之平均數（標準差）分別為 9.53（10.98）和 18.82（12.35），寫字量平均增加 9 個字，成長幅度約為 20%（滿分為 45 分）。前、後測得分經相依樣本 t 考

驗的結果亦有顯著之差異（$p < .001$）。在前測時，有 5 位個案僅能寫出 3 個國字以下（低於 1.4 個年級水準），到後測時，只有三年級學童——<u>小文</u>（編號 7）仍然無法在「看注音寫國字」一項中，寫出多於 3 個國字。

表 7-11　個案在基本讀寫字綜合測驗前、後測之得分

| 編號 | 看字讀音 | | | | 看字造詞 | | | | 看注音寫國字 | | | | 聽寫 | | | |
| | 前測 | | 後測 | | 前測 | | 後測 | | 前測 | | 後測 | | 前測 | | 後測 | |
	原始分數	年級對照	原始分數	年級對照	原始分數	年級對照	原始分數	年級對照	原始分數	年級對照	原始分數	年級對照	原始分數	年級對照	原始分數	年級對照
1	9	<0.9	27	0.9	7	<0.9	37	1.4	2	<1.4	13	1.9	4	<1.4	9	1.6
2	14	<0.9	31	1.0	16	<0.9	34	1.2	4	1.4	6	1.5	1	<1.4	9	1.6
3	49	2.4	48	2.2	49	2.9	48	2.4	18	2.1	29	2.0	31	2.7	32	2.8
4	9	<0.9	49	2.4	7	<0.9	46	2.2	2	<1.4	35	3.2	4	<1.4	32	2.8
5	43	1.5	48	2.2	33	1.2	47	2.3	10	1.7	30	3.0	15	1.8	24	2.2
6	50	2.9	50	2.9	49	2.9	50	>2.9	47	>3.4	40	>3.4	36	3.0	39	3.2
7	18	<0.9	32	1.0	20	<0.9	32	1.2	1	<1.4	1	<1.4	6	1.4	5	1.4
8	34	1.1	43	1.5	35	1.3	44	2.0	9	1.6	19	2.2	11	1.7	16	1.9
9	18	<0.9	45	1.7	19	<0.9	42	1.9	4	1.4	17	2.1	8	1.5	12	1.7
10	47	2.0	49	2.4	49	2.9	50	>2.9	15	2.0	20	2.2	20	2.1	32	2.8
11	39	1.2	46	1.9	40	1.7	47	2.3	16	2.0	18	2.1	19	2.0	20	2.1
12	42	1.4	39	1.2	42	1.9	41	1.8	8	1.6	12	1.8	12	1.7	13	1.8
13	12	<0.9	28	0.9	12	<0.9	25	0.9	3	<1.4	7	1.5	0	<1.4	7	1.5
14	36	1.1	50	2.9	31	1.1	50	>2.9	10	1.7	42	>3.4	16	1.9	38	3.2
15	23	<0.9	41	1.3	25	0.9	39	1.6	5	1.4	15	2.0	7	1.5	11	1.7
16	23	<0.9	22	<0.9	9	<0.9	22	<0.9	2	<1.4	6	1.5	2	<1.4	8	1.5
17	19	<0.9	21	<0.9	20	<0.9	20	<0.9	6	1.5	10	1.7	6	1.4	9	1.6

基本讀寫字綜合測驗

另外,「聽寫」前、後測得分之平均數(標準差)分別為 11.65(10.25)和 18.59(11.75),聽寫字量平均增加 7 個字,前、後測得分經相依樣本 t 考驗的結果亦有顯著之差異(*p* < .001)。成長幅度約為 15%(滿分為 45 分)。在前測時,有 5 位個案僅能聽寫出 4 個國字以下(低於 1.4 個年級水準),到後測時,只有小文(編號 7)在「聽寫」一項中寫出 5 個國字,成長幅度最微小。

表 7-12　個案在各項標準化讀寫測驗前、後測之平均數與標準差

測驗名稱	前測平均數(標準差)	後測平均數(標準差)
中文年級認字(原始分數)	40.29(39.45)	56.63(41.21)
閱讀理解(通過率)	.41(　.15)	.49(　.17)
看字讀音(原始分數)	28.53(14.64)	39.35(10.3　)
看字造詞(原始分數)	27.24(14.99)	39.65(　9.92)
看注音寫國字(原始分數)	9.53(10.98)	18.82(12.35)
聽寫(原始分數)	11.65(10.25)	18.59(11.75)

　　小結:比較教學前、後個案在幾項標準化讀寫測驗之得分發現,個案後測分數皆顯著優於前測分數。在識字方面平均增進 11～16 個字,但與常模相較,其成長幅度仍未有極大突破,這可能與標準化測驗的特性有關。由於標準化測驗內容並非學生所閱讀的文本內容而是出自某個字庫,且題數及適用年級有限,因此,無法反應個體較微小的進步狀況或是真正的能力水準(Taylor, 2003)。

　　在寫字方面,個案平均增加 7～9 個國字,進步幅度約為 15%～20%,和「看字讀音」與「看字造詞」測驗相比,國字書寫對所有個案來說都不簡單,沒有學童在兩項測驗的後測得到滿分,甚至有一位三年級學童(小文)在前、後測中能寫出的國字不超過 5 題,顯現極大的書寫困難。

在閱讀理解方面，是所有標準化讀寫測驗中個案在教學前、後進步最少的一項，教學後有 6 位學童的閱讀理解表現達中分組程度，1 位進到高分組，其餘 10 位仍屬於低分組的範圍。推測其原因可能是該測驗題數少（18～20 題）、測驗內容與故事結構沒有直接相關，因此不容易反應出教學成效。其中，比較特別的是有兩位個案——小馨和小峰，雖然教學後其識字量仍位於百分等級二而已，但閱讀理解分數卻能進到中分組。透過大量閱讀和教導故事結構對此二生似乎產生一些助益，讓他們在認字有限的情況下，有不錯的理解成績。

五、口述故事能力

雖然本次教學實驗並未明示學生運用故事結構進行故事回憶，只是每次完成故事結構學習單之後，讓學童重述故事並加以錄音，但是研究者也想了解，故事結構教學效果是否會轉移至學童故事回憶？

（一）各階段口述故事得分

從表 7-13 得知，17 位個案在基線期階段的平均分數為 4.9，到示範期 B1 時，口述故事複雜度平均分數升到 6.5 分，平均成長 1.6 分，由於口述故事滿分為 10 分，平均成長 1.6 分，相當於 16%的成長幅度，是個案在口述故事複雜度方面有較明顯進步的一個階段。其後各階段的成長速度則漸漸趨緩，平均增長幅度為 9%（示範期 B1→引導期 B2）和 3%（引導期 B2→獨立期 B3）。

（二）示範期（B1）與基線期（A）之比較

在 17 位個案中，個案 1、2、3、4、5、9、15、16 和 17 等 9 位學童（約為 53%）在基線期 A 階段和示範期 B1 階段的表現有明顯的差異，其

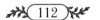

中又以個案 9（小暄）和 15（小紹）進步最多。

表 7-13　各實驗階段受試口述故事複雜度之平均分數摘要表

受試編號	基線期 A	示範期 B1	引導期 B2	獨立期 B3	維持期 A'
1	2.3	5.0	7.0	8.3	6.7
2	9.0	7.3	8.3	9.0	9.3
3	6.7	8.7	9.0	9.0	9.7
4	5.3	7.7	9.3	9.0	9.0
5	2.3	4.7	5.2	6.3	5.0
6	7.3	6.8	7.5	8.0	7.3
7	5.3	6.5	7.2	7.0	7.3
8	6.8	8.0	8.8	7.7	8.7
9	2.7	6.8	7.6	8.0	7.3
10	5.3	6.3	7.0	7.3	8.0
11	6.7	7.0	9.0	9.3	9.0
12	5.3	5.7	8.3	8.7	9.0
13	4.7	6.2	6.3	7.6	7.7
14	4.7	5.8	7.3	7.7	6.7
15	3.7	6.7	7.2	7.7	7.7
16	2.7	5.0	6.0	6.3	6.7
17	4.0	6.0	7.8	8.0	8.0
總平均	4.9	6.5	7.6	7.9	7.8

以小暄（小二男生）為例，他在基線期階段，口述故事「鱷魚的花園」
（原文 319 字）時只記得：

「鱷魚覺得自己很醜，其實他自己很可愛，結果最後別人都喜歡
和他做朋友。」（引自口述故事逐字稿，2002 年 10 月 28 日）

當時他只能掌握故事的主角，無法交代任何細節。到了示範期B1時，他口述故事「把太陽收在口袋裡」（原文290字）時，內容的複雜度已經明顯提高，他說：

「有一天，有一個盲人一生出來就看不見太陽，然後他就很想知道太陽是什麼樣子，然後他走在街上就看到一個賣盤子的，賣盤子的人說：太陽就像是一個銅盤一樣，然後那一個賣盤子的人就敲一敲那一個銅盤的聲音，然後，然後又叫那一個盲人摸一摸再敲敲看，然後他就到山上的寺冒（廟），然後就聽到鐘聲以為那一個是銅盤的敲聲，然後他就去看看，然後那一個說，敲鐘的那一個人說，他說這就是……那一個不是太陽，是……是……鐘，然後那一個敲鐘的人就說：太陽就像蠟燭一樣熱，然後他就回家去摸摸看蠟燭，然後他就走一走走一走，就被……，他以為笛子是太陽然後就絆倒了，然後他就把太陽放在……，以為太陽是笛子，然後就把那笛子收在口袋，然後他就說：現在就不會很熱了。」（引自口述故事逐字稿，2003年1月6日）

這時他對細節的來龍去脈交代得比先前的故事詳盡，雖然不是條理分明，但大致已把盲人誤解太陽的故事有頭有尾的道來，只是在一些細節的連接上，口語表達還未順暢。

（三）三次教學期（B1、B2、B3）之比較

在三個教學階段中，多數個案（88%）呈現逐步成長的趨勢，只是進步幅度漸漸趨緩。比較示範期B1與引導期B2發現：繪本的使用對提升個案口述故事複雜度的助益並沒有像對故事結構一般有用，有比較明顯差異的只有個案1、11和12三位學童。

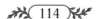

另外，和故事結構表現不同的地方是，多數個案在三個教學階段內口述故事複雜度的變動不大，換言之，學童的口述能力多能保持一定水準，比較不會受故事長短、有無繪本插圖、書寫困難等因素左右，不過也可能因為口述故事之複雜度得分是介於 0～10 分，全距較故事結構之得分（0～20 分）小，因此分數變動有限。

（四）維持期（A'）與教學期（B1、B2、B3）之比較

由表 7-14 得知，維持期和教學期的差異不大，兩階段的重疊百分比為100%的學童有 14 位（占 82%）。另外也發現個案在維持期的階段平均與前一個獨立期的階段平均相近，顯示其口述故事能力已經維持在一定的水準，有近半數（47%）學童在維持期階段的口述故事能力平均在 8 分以上（見表 7-13），根據評分標準，8 分代表的是已達「完整的情節」的層次，表示學童可以：(1)詳細的描述出完整的情節內容；(2)各情節間具有清楚的連貫性，但還(3)缺乏完整與主旨清楚的結尾，不過已經是很不錯的表現。

表 7-14 各實驗階段受試口述故事複雜度得分重疊百分比

受試編號	01	02	03	04	05	06	07	08	09
B/A	11%	44%	11%	11%	27%	84%	20%	62%	0%
A'/B	100%	67%	100%	100%	100%	100%	100%	100%	100%

受試編號	10	11	12	13	14	15	16	17
B/A	22%	22%	44%	8%	20%	8%	0%	18%
A'/B	100%	100%	100%	100%	100%	67%	67%	100%

（五）口述故事內容複雜度與故事結構總分之相關

從表 7-15 得知，個案在口述故事內容複雜度與故事結構總分之相關介

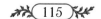

於.29～.88 之間，平均為.70。多數個案（65%）兩者的相關係數在.70 以上，呈現高度相關。其中以個案 1 的相關最高，而個案 8 的相關最低。根據個案 8（小瑜）的資料，雖然其故事結構得分或是口述故事複雜度之階段平均呈現相似的狀態，但各階段內的得分也呈現較大的波動，顯示其學習成效並不穩定。

表 7-15　個案口述故事內容複雜度與故事結構總分之相關係數

受試編號	01	02	03	04	05	06	07	08	09
相關係數	.88	.67	.73	.67	.71	.43	.56	.29	.77
受試編號	10	11	12	13	14	15	16	17	
相關係數	.67	.81	.73	.85	.71	.77	.84	.83	

　　先前的研究已指出故事重述與故事理解能力相關，且故事重述能力會隨著年齡而發展（Fitzgerald & Spiegel, 1985），因此，一些研究也會以學童故事重述之表現作為閱讀理解的指標。例如：Luetke-Stahlman、Griffths 和 Montgmomery（1998）採用個案研究方式，受試者為 7 歲 8 個月的國小聽障生，研究者設計兩階段的故事重述課程介入，安排聽障學童每週閱讀一本書並練習大聲重述故事（歷時一年），以了解重述故事內容的總字數、每句字數、故事結構改變的情形，並進一步整理個案逐次口述故事的內容進行分析，歸納口述故事內容結構改變的情形與發展狀況。結果發現，實驗結束時個案的字彙與理解能力已達 2.6 年級水準，較之基線期有很大的提升效果。此外，口語重述內容總字數、每句字數、六項故事結構元素等都獲得提升。

　　在本研究中，口述故事內容複雜度與故事結構總分呈現高相關，雖然並不能表示兩者有因果關係。再者，比較故事重述的表現和故事結構得分也發現，口述故事複雜度之維持效果較故事結構學習單的書寫表現佳，推

測其原因可能與個案原有口語表達能力優於讀寫能力有關，例如個案2（<u>小杰</u>）便是口語表達能力極佳的學童，他最差的表現也高於 5 分（滿分 10 分）。因此，如果本研究在故事結構學習成果的評量方面改採口述故事，並明示學童如何運用故事結構於口述故事中，而非留待學童自行發現，或許教學效果將更明顯。

六、教學成效與個案特質之關係

分享閱讀加故事結構教學是否對某些特質的個案效果較佳？所謂「反應較佳」要符合三項條件：(1)個案在教學期的表現明顯優於基線期的表現；(2)故事結構之得分能依照既定的通過標準，呈現逐步上升的趨勢；(3)至維持期還能保有一定的水準，即便階段平均數下降，和獨立期的重疊百分比依然很高。經由層層條件的篩選，完全符合三項標準的個案有 4 位，分別為個案 1、11、12 和 17（<u>小馨</u>、<u>小政</u>、<u>小逸</u>、<u>小峰</u>），4 位個案的基本資料整理於表 7-16。

從表 7-16 得知，對教學最有反應的 4 位學童分別為三年級和五年級生（各 2 位），在智力的分布上介於 77～95 之間，教學前、後識字量也少，多為百分等級 5 以下，教學前其閱讀理解皆屬於低分組。教學後有 2 位提升到接近中分組，所以，對教學方式最有反應的個案並非一定是中等以上智力的學童，且其識字也不一定要高於百分等級 25。這樣的訊息間接透露出：分享閱讀加故事結構教學不見得需要智力和識字能力在中等以上水準的個案才能學會，透過有系統、有步驟的教材一樣能達到教學效果。至於要在幾年級以上用這樣的教學法比較有效？本研究呈現的結果為：小學三年級或三年級以上比較適宜，但陳姝蓉（2002）以小學二年級閱讀障礙學童為對象進行故事結構教學一樣有不錯的成效。

值得注意的是，分享閱讀加故事結構教學並無法直接提升 4 位個案在

識字與閱讀理解標準化測驗之表現。易言之，學生或許對故事結構元素更能掌握，但是若要全面提升其閱讀能力的話，需要強化其基本功，並拉長教學時間與密集度。另外，教多久才有效？大約需要二至三個月的時間，教學節數在二十次左右。個案的老師教學年資最少為六年，且都已獲得碩士學位，對於研究方法也有一定程度的了解，因此，擔任教學實驗工作更能勝任。

表 7-16　教學成效較佳的個案之基本資料

基本資料	小醫	小政	小逸	小峰
年級	三年級	五年級	五年級	三年級
智力評估	語文：77 作業：95 全量表：83	語文：93 作業：86 全量表：88	語文：76 作業：85 全量表：77	語文：90 作業：102 全量表：95
口語詞彙能力	PR14	PR58	PR37	PR61
識字能力（前測）	13（PR2）	50（PR3）	46（PR2）	16（PR2）
閱讀理解（前測）	低分組	低分組	低分組	低分組
識字能力（後測）	24（PR2）	57（PR5）	48（PR3）	23（PR2）
閱讀理解（後測）	低—中分組	低分組	低分組	低—中分組
與故事重述之相關	.88	.81	.73	.83

第四節

 結論與建議

一、結論

　　經過一學期的教學實驗，得到以下幾點結論：(1)故事結構教學加分享閱讀能有效提升學童的故事結構概念；(2)繪本有助於提升閱讀障礙學童理解故事結構；(3)故事結構教學加分享閱讀的維持效果穩定性不足；(4)標準化讀寫測驗後測得分明顯優於前測；(5)分享閱讀加故事結構教學提升部分學童口述故事能力；(6)口述故事內容複雜度與故事結構總分呈現高相關，以及(7)分享閱讀加故事結構教學適用對象廣泛。茲分述如下。

（一）故事結構教學加分享閱讀能有效提升學童的故事結構概念

　　在基線期階段，學童的故事結構總分之平均數為 5.3，未達故事結構總分的最低門檻（6分），但等進到示範期B1以後，個案在故事結構總分之平均數為 10.5，表示多數學童在老師示範之下，對故事結構元素的掌握遠較未教學前好。而教學期和基線期的重疊百分比是 0%的也占 59%，且多數個案在故事結構得分都呈現逐漸穩定上升的趨勢，雖然故事的長度和難度都在增加中，顯示逐步去除教師的協助後，學童依然可以自己找尋故事結構的要素。

（二）繪本有助於提升閱讀障礙學童理解故事結構

　　近半數的學童（占47%）在教學初期（B1→B2）便有顯著進步。從引

導期B2 開始，教學材料開始轉為繪本，雖然故事內容增長，也較B1 時期複雜，但以繪本做為教材對近半數的學童掌握故事結構有明顯和立即的幫助，並能增進其閱讀樂趣。

（三）故事結構教學加分享閱讀的維持效果穩定性不足

個案在維持期的平均表現普遍較前一階段（獨立期B3）下滑，不過和教學期的重疊百分比為 100%的個案仍然占多數（占 82%），即個案在後測的表現仍優於基線期，但穩定性不足。

（四）標準化讀寫測驗後測得分明顯優於前測

比較教學前、後個案在幾項標準化讀寫測驗之得分，發現個案後測分數皆顯著優於前測分數，但與常模相較，其成長幅度仍未有極大突破。其中識字的表現又優於寫字和閱讀理解之表現。

（五）分享閱讀加故事結構教學提升部分學童口述故事能力

比較基線期和教學期的重疊百分比，17 位學童中有 7 位（占41%）的重疊百分比在 15%以下。顯示分享閱讀加故事結構教學可以提升部分學童口述故事能力，提升的幅度先快後緩，成長幅度不如故事結構。不過，口述故事複雜度之維持效果較書寫故事結構佳，比較不會受故事長短、有無繪本插圖、書寫困難等因素左右。

（六）口述故事內容複雜度與故事結構總分呈現高相關

雖然本次的教學實驗重點不在教導學童使用故事結構於口述故事中，但事後的相關分析發現，個案在口述故事內容複雜度與故事結構總分之相關平均為.70，多數個案（65%）兩者的相關係數在.70 以上，呈現高度相關。

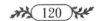

（七）分享閱讀加故事結構教學適用對象廣泛

本研究並沒有發現分享閱讀加故事結構教學只適用智力、識字能力在中等水準以上的個案，透過有系統、有步驟的教材一樣能達到教學效果。研究結果顯示，小學三年級或三年級以上的學童比較適宜使用這樣的教學法，教學時間大約需要二至三個月，教學節數在二十次左右，而教師本身對教學法的了解和研究上的專業能力似乎也是一大助益。

二、研究限制

本研究為擴大驗證故事結構教學對閱讀障礙學童的效果，因此，廣泛邀請有興趣的教師參加，最後共有 11 所學校、13 位教師參與教學實驗。雖然在教材的編選及其故事結構分析和各階段的通過標準皆事先有所規範，但校際間的作息、教學次數和教師間的差異則無法做嚴密的控制，變項無法如嚴謹的實驗設計做控制。此外，本研究中缺少控制組，無法得知學童的進步是因為教學或是自然發展因素使然，故此，在研究結果的推論上必須更謹慎。

三、建議

（一）結合識字課程

從教學前、後學童的基本讀寫能力的改變來看，雖然有進步，但是和常模相比，其進步的幅度仍然不足以打破低分組的界線。多數學童在故事結構教學加分享閱讀裡獲益較多的，仍是對故事結構元素的理解或是對閱讀興趣的提升，並未能顯著地提升其基本的讀寫能力，這部分尚待有系統

的識字教學介入。換言之，閱讀障礙學童無法單從大量閱讀、分享閱讀、故事結構教學中自然認讀許多字彙，此結果也和 Johnston（2000）的研究相似，他發現對於一年級學童識字最有助益的教學是建立字庫（word bank），其次是以句子帶字（sentence context），最少的是重複閱讀（repeated readings）。因此，未來的教學若能結合有系統的識字課程，或許教學成效會更顯著。

（二）變通的評量方式

在實驗設計之初，為方便資料的蒐集和保留，採取文字書寫的型態，由學生將答案寫在學習單上，假若是嚴重書寫障礙者也允許口述作答，請老師幫忙記下答案。但是書寫的負擔對許多學童而言仍然太重，可能因此影響學童作答的意願，誠如某教師提到的：「故事結構能力評量的部分，收集的是故事結構地圖單與故事結構問題學習單，教學過程中學生必須花很多時間在書寫故事結構內容，特別是對於那些書寫有困難的孩子，書寫的動機很弱，往往需要很多額外的鼓勵與增強才能順利完成。如果能有其他更容易的替代評量方式（如選擇、填充或連連看……等等），或許能讓學生更喜愛整個學習閱讀的過程。」未來的研究可以設計更多樣化的變通性評量，取代純粹的書寫，讓學童的能力得以充分地發揮。

（三）延長教學時間以穩固成效

從學童之故事結構總分在維持期表現下滑的情形來看，引導期 B2 和獨立期 B3 的教學時間必須延長才能穩固學習成效，然而多數教師在三個不同階段的教學次數並無明顯的差異，大多是各蒐集三次評量（三本繪本）的資料。因此，學童的表現雖然通過預定的標準，但還未熟練時老師就除去協助，放手讓學童進入獨立作業的階段，對於原本閱讀能力就薄弱的學童而言，可能太快去除外在鷹架了。未來的教學研究可依照學童的能力，

在通過階段標準後，連續三次呈現穩定的水準時再進入下一個階段的教學實驗，或許可以獲得較佳的成效。

（四）延長保留成效之觀察期

本研究礙於學期的時間限制，並沒有針對較長期的保留效果進行觀察，故無法得知學童之學習效果是否能維持，甚至比教學期更進步，或是效果很快便消退？因此，未來可以加做長期保留效果之觀察，方能更清楚其教學效果。

（五）指導學童將故事結構策略用於故事重述

本研究並未直接教導學童將故事結構策略用到故事重述中，而是留待學童自行發現，然而從故事結構總分和口述故事複雜度的高相關來看，且學童口述故事能力又較其書寫表現穩定，更能維持在一定水準之上。因此，未來的研究若能將故事結構策略指導融入口述故事中，或許能產出更好的學習成果，減少因為個案讀寫能力低而造成的挫敗。

第八章

教師觀察紀錄與省思

第一節

 教師觀察手記

　　以下各篇是參與實驗的教師個人的觀察與心得分享，有成長的喜悅，也有教學的困惑，期望本章內容帶給讀者關於該教學法更多元的觀點。

一、給孩子方法	台北市民生國小蘇琲雯老師

　　回想去年剛開學，在一次全體資源教室老師的研習會場上，遇到了華江國小的淑菁老師，問起有沒有興趣參加王老師主持的教學研究計畫，沒

什麼考慮就答應了，整個參與研究的過程可以說獲益良多，藉由這樣一個研習與教學的過程，讓我對於閱讀的教學與故事結構有了更深入的了解。

在我個人的印象中，繪本教學就是唸故事給小朋友聽，然後針對故事設計一些學習活動，讓小朋友討論一些故事的內容，在我們學校就是以這樣的方式進行。這種方式多半偏重在情意的教學，我們可能針對故事的內容，帶領學生思考一些問題，強調的是學生能在故事中學到什麼。而這個研究針對的則是要培養學生閱讀理解的能力，希望學生能夠透過繪本閱讀，增加閱讀的數量，提升閱讀的興趣，接著能夠教導學生如何掌握故事的基本架構，進而理解故事的內容。

在正式進行教學前，大家先針對整體的研究架構有基本的認識，王老師也藉著幾次的研習時間跟我們分享了何謂「分享閱讀」及「故事結構教學」，並且介紹給我們許多有趣的繪本。在這過程中，可以感受到每位老師都是充滿童稚之心的，在看這些繪本的時候，大家都傾囊而出，把自己看過有趣的、好玩的繪本通通介紹給大家。聽到一個有趣的故事時，大家都會有熱烈的反應，可以預見小朋友一定也會很喜歡這些故事。

當開始正式進行教學的時候，其實是有些緊張的，因為這不是單純只有教學而已，還需要評量學生的學習情形，就這樣手忙腳亂的開始進行了。剛開始進行故事結構教學的時候，確實花了不少時間教學生如何在一個故事中找到內容的架構，但是當後來看到學生可以很快的自己在故事中找到主角、講述故事的情境、簡單的說明故事主要的問題及事情的經過，最後可以簡單的說出故事的結局及主角反應時，真的是滿開心的一件事。在這過程中可以發現，其實小朋友都滿期待能夠看到一個新的故事，在分享閱讀結束後，還會自己拿起繪本來翻閱，這都是之前沒有的情形。尤其後來發現學生不只將這個方法用在繪本的閱讀上，也自行類化到平時課文的學習上的時候，更是開心的不得了。

經過了一個多學期的訓練，學生的閱讀量確實在老師的「逼迫」下增

加了不少，學生的閱讀技巧也有進步，至少現在在閱讀課文、進行課文深究的時候不會答非所問。一本新故事書放在桌上的時候，小朋友再也不會視而不見，會主動拿起來翻一翻，看看裡面講什麼。

而在進行這一整個教學的過程中，我得到了一個小小的感想：其實很多小朋友不是學不會，而是不知道要怎麼學，就像進行閱讀一樣，他們不知道如何將一堆雜亂的訊息組織架構起來，而結構教學就是教他們如何在一團混亂中找到規則，得到我們想要教導給他們的資訊。當他們學到方法之後，他們自然知道如何擷取重要的資訊，進而可以類化到其他的學習上。只是在教他們技巧的時候要花較多心力反覆的練習，讓他們習慣，這是很重要的。

二、這有可能嗎？　　台北市銘傳國小賴欣綾老師

因為大學同學的邀約，以及本身對識字困難的好奇，我參加了王老師的教學實驗行列。經過仔細考量後，我選擇一位四年級的學生作為我的實驗對象。她的識字困難，好像任何字都輸不進她的腦子裡，到四上也只認得幾個字——像媽、大、小，我很期待這次實驗對她能有所幫助。

參加幾次研習後，才知道原來要做的是閱讀—故事結構教學，天啊！不會識幾個大字竟要先教閱讀？這怎麼可能？我想我的學生大概沒辦法熬過來，但還是得試一試。所幸小朋友很喜歡聽故事、說故事，雖然有一搭沒一搭的，但天性樂觀、又配合，除了故事都要靠老師唸，寫結構單常看到字就抄以外，其餘可說表現良好。

直到介紹完故事六項結構，以及示範期的幾次教學後，通常已能口頭回答出結構單上的問題，但書寫仍需靠老師寫在白板上，再抄寫在結構單上。就這樣抄了好幾回，還好繪本很吸引小朋友，閱讀總是能保持高度興趣，最後還得用電腦遊戲來賄賂她，這樣總算是通過各時期的標準，且順

利完成後測。

能完成這整個實驗，最高興的是這位小朋友，現在一些常用、常寫的字，不需提示都能自己寫得出來，如：很、在、玩、回、來、高、好，另外這學期也努力教她注音拼音，希望能協助她拼音閱讀，這樣雙管齊下的結果，現在的她已能自己讀大約二上程度的文章，且能享受閱讀的快樂，這實在是剛進行實驗時料想不到的。

在過去教學中，有時碰到識字困難的，都是從認識簡單生字開始教起，這次嘗試從閱讀—寫故事結構的方式入手，感覺很有挑戰性。不過從其他參與實驗夥伴的失敗經驗看來，這方法可能對於有書寫困難，或缺乏習寫耐心的小朋友有實施的困難。參加這次實驗，也給了我一些不同的想法，那就是字如果常看自然記得住，字如果常用自然會寫，故不僅僅是教學生寫字，如果能多製造需要用到的機會，相信也能增加學生識字寫字的能力，以此心得和大家分享。

三、再試一試　　　　　台北市博嘉國小林玉霞老師

小婷，一個活潑可愛、全校借書量最大的小朋友，但卻有著顯著的閱讀理解與書寫障礙。正因為她是如此的特別，使我毫無猶豫的參與此次的教學計畫，希望藉由不同的教學法，來幫助她閱讀與學習。

以前曾在一場研習中聽過某位教授提起故事結構教學的內容，覺得很新鮮，所以自己在兩年前也在課程中使用過此種教學法，但由於並未正式學習過此種教學法，對於故事結構的內容並不十分了解，因此也只能較粗淺的使用，學生的學習效果有限。這次正式學習故事結構教學法的教學內容與方法，讓我對其內容與教學方式有了深入的了解，同時配合完整的作業單與教具，在上課時，不僅學生在學習，自己也能從中得到許多新的想法，進而幫助學生與自我的學習成長。

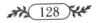

小婷十分喜歡閱讀，卻常出現看完書後不知道書中主要內容是什麼的情形，這讓我對她很好奇，想更進一步的了解她。在與她談話後，才發現原來她喜歡看繪本，因為繪本的插圖都十分精美，而且看圖可以幫助她知道書上到底在說些什麼？小婷能流利的唸出書中所有的句子，但如果不看圖片，就不知道這些句子在說什麼，她也發現自己有這個問題，因此當我提出要幫助她並和她一起看書時，小婷很開心，並且希望每天都能來班上和我一起閱讀。在半年的教學與評量過程中，我看到了小婷的成長與進步，她不但了解了故事結構的內容，也讀了很多篇有趣的文章，更重要的是，她能知道這些閱讀過的書到底在說什麼，而且能重述這本書的內容。從閱讀理解測驗的前後測結果看來，也可明顯看到小婷的進步過程，由原先的低分組提升為中分組，雖然不能完全斷定是此種教學法的因素，不過它的正面影響是可以肯定的。

　　在教學過程中，當然也偶爾會有挫折的時候，像是小婷對事情經過與主角反應有時會回答的不十分完整，重述故事時大多只是利用記憶的方式，而不會利用故事結構來自我提醒，因此有時會忘掉許多故事內容，且故事結構不應該只是在固定的作業單、繪本或課程中使用，它也可以廣泛的應用在看圖說故事、故事接龍、課文大綱中，但小婷似乎還不會將其運用於此，變成好像只有在固定課程、固定老師教學時才會想到使用故事結構，因此有些僵化的情形出現，若能自我提醒，並將其多元的運用於日常生活學習與相關課程上，相信會對她有更大的進步與幫助。

　　計畫將近尾聲，我們的教學實驗也將告一段落，但「凡走過必留痕跡」，希望這一次的計畫與教學過程，能為更多像小婷一樣需要協助的孩子找出一條出路、一種新的學習方法與一個新的希望。

　　學習方面有障礙的孩子，多數都有閱讀理解方面的問題。就筆者短短兩年教學資歷的所見所聞，許多語文補救教學，多將重點放在識字教學、國語課本內容與語詞的理解及造詞造句的練習等，缺乏一套完整的教學內容與學習策略指導。一般為了使學生及早跟上普通班的學習進度，提升孩子在班上的國語科成績，多數教學材料都是取材自普通班課本，而課本的版本或課文又不時更換，使得資源班教師永遠有做不完的學習單，而學生反覆再三地學習同樣的課文也覺得乏味；另一方面，這些閱讀障礙學生的學習遷移能力弱，只有老師教過的才會，而老師沒教到的自己也沒辦法舉一反三，所以教了半天，學生的進步總是有限。

　　筆者深深覺得我們所要教給孩子的，應當是學習的策略與方法，使他們日後有獨立學習的能力，所以當得知王老師要著手這項讀寫障礙研究計畫時，便毫不猶豫地報名參加了。

　　這項教學實驗的內容，有部分像筆者之前在校學習過的故事結構教學法，不過所分析的結構元素有些不同（包含主角、情境、主要問題、事情經過、故事結局和主角反應共六項），教學材料也是結合了目前最流行的繪本，而在正式進入繪本教學前，會先用幾篇簡單的短篇文章讓學生了解並練習找出結構元素，以利於接下來的教學。

　　筆者的教學實驗對象是一名四年級的男生，他的智力中等，外表也與一般兒童無異，但在語詞、文章的理解，及口語、文字表達方面都明顯落後同儕；另外與他同一組學習的，是一名三年級的疑似輕度智障的女生（非實驗對象）。在整個教學過程中，兩名學生都非常喜歡閱讀及討論繪本內容的部分，寫完故事結構作業單後還會搶著去錄音。唯一讓他們比較不喜歡的就是寫作業單，主要是「事情經過」的部分最讓他們感到困難，因為

他們不知該如何抓取大意，剛開始總是會寫了一大堆，幾乎是把內容全抄了，所以他們覺得寫得很累。後來筆者嘗試了其他參與教學實驗計畫的老師所提供的方法，就是讓學生看完一段後把書蓋起來，不讓他看到文字內容，請他回想這一段在講什麼，通常他會記得的部分就是該段最主要的內容，所以後來在描述大意時，雖然還不是很精簡，但有較先前進步了一些。另一個比較困難的部分是「主角反應」這一項，對於主角的情緒、感覺，學生在這部分是很容易理解並能自行找出，但有關於動作的反應部分，他們比較難以自行寫出「主角是因為什麼原因而做出這樣的動作反應」這樣一個完整的因果關係，但在討論時，若由教師提問「主角為何要這樣做」或「主角為了……而做了什麼事情」，他們又可以回答出來。

　　就現階段該生達成的目標大致有以下幾點：(1)增加閱讀量；(2)從教學之初到獨立期階段，該生對於故事段落的掌握更加進步，尤其可由「事情經過」這部分看出，從原先不太會分段，到後來大多可自行找出每個情節的段落；(3)描述「事情經過」大意的部分，該生一開始是幾乎完全無法掌握段落大意，總是整段內容全抄，到現在則是可寫出較之前精簡的內容，只是還未臻熟練；(4)增進口語表達的機會，每次寫完作業單後就要錄音重述故事，可訓練學生完整描述一件事情的能力，該生大多可將故事講得完整，只是句子常有不通順的情形，是還需要加強的部分。

　　原本筆者想要將此套教學法應用在另一批二年級的學生身上，但經過這段時間的教學後發現，對於基本認知能力太差的小朋友來說，可能會有些吃力，因為另一名三年級的學生在教學過程中雖然一直都保持滿高的學習興趣，但到目前為止，也只能掌握住「主角」和「故事情境」兩項結構元素而已，其他四項元素都表現得不是很穩定。當然也有可能是因為筆者第一次使用此教學法，技巧還不夠熟練，但筆者認為透過此種密集式的訓練，長期下來對學生必定會有相當的助益。

五、走，咱們看書去！　　台北市華江國小林淑菁老師

「老師，我想看書，我們什麼時候還可以來資源班，再一起看書呢？」大字認識不多的小淳，居然會主動開口問我，何時她可以來資源班再一起看書。記得一年級的她，最害怕讀書了，書本對她而言是無意義的，因為她不僅在注音符號的拼音上有困難，更有識字困難的情形，種種的挫折，導致她最大的恐懼就是唸書，更不用說要寫讀後心得感想，或者寫班上的「一本好書」作業單了。這也是我之所以會參與王老師的故事結構教學研究的主要原因，除此，也因為看見同校的陳姝蓉老師的教學效果，以及感受到參與她教學實驗的學生對閱讀的喜愛，經過一次又一次的研習，也讓我的學生有機會開始嘗試用故事結構的方式來閱讀文章或繪本。

一開始，或許是因為我本身對故事結構的元素引導不夠熟練，帶起來確實有些吃力，尤其是在進行故事結構元素的本身教學時，二年級的學生似乎無法掌握到文章中的主要問題，而對於事情的經過也不太能統整，同時更容易將主角的反應誤認為是自己對故事的感覺與反應。學生種種的問題確實帶給我在教學上不少的挫敗感，所幸我們可以在每次聚會中，和所有參與的老師互相討論，解除心中的疑惑和所遭遇到的困難，而同事陳姝蓉老師也會隨時給予建議，因此讓我更加知道故事結構教學的技巧和方法。透過每次聚會吸收到其他夥伴的教學經驗，我覺得教學不再是孤軍奮戰，而是有一群夥伴的共同支持。這不僅讓我更清楚掌握到故事結構教學的精要，更讓我的學生熱愛唸書，他們最快樂的莫過於能讀到一本一本的繪本，在分享閱讀當中，學生更可以盡情的遨遊在繪本的精采內容中，對繪本中的每一張圖片，他們都會仔仔細細的欣賞，對於文章內容的每一字、每一句都能清清楚楚的讀出，深怕遺漏了一字一句。看到學生如此的愛讀書，是我教學中最大的樂趣。

或許我們會認為那是因為繪本的精美讓學生愛不釋手，但是我可以從教學的互動中，深深的感受到學生確實可以從文字的敘述中，了解到整篇文章的大意，以及故事內容的來龍去脈，再也不會張冠李戴了。學生表露出的那種看得懂書的愉悅與滿足，是可以從他們天真、快樂的臉龐看到的，對書本不再是隨便翻翻、走馬看花，或者只是隨意瀏覽一下圖片而已，他們可以仔細的推敲文章中的內容和發表自己的看法，以及向同儕提問與統整故事的綱要。這樣的表現是他們兩年來所未曾有的，因為打從他們新生一年級的注音符號補救教學起，他們就是那種識字量相當少的孩子，要他們看書是件相當痛苦的事，尤其是閱讀課外讀物，讀起課文也常常因為拼音上的問題及識字量少的因素，斷斷續續、不流暢，導致他們沒有耐性讀完。如今，他們卻能自己讀完一本繪本，並且聚精會神的與大家討論，並有條理的歸納統整。雖然他們的國語成績仍不是班上的佼佼者，但是他們熱愛、喜愛讀書的那一份勁，就是我最大的收穫。

六、陪她一程　　　　　　　　台北縣明志國小楊淑芬老師

前兩年我擔任資源班老師時，就對一些外表看似正常但總是大字不識幾個、更別說會閱讀的這類學生感到好奇，希望能真正了解他們之所以如此的原因，進而提供適當的教學方法來協助他們學習。很巧的機緣下得知王老師將進行故事閱讀教學實驗，於是我就毫不考慮地報名了這次的研習活動。

從去年（2002 年）十一月份開始針對個案進行教學活動，直到今年五月下旬完成後測，教學活動結束。這段時間裡，我每週有兩天中午午休時間對個案進行個別教學。整個教學過程我發現了學生的轉變：

1. 師生良好的互動，會鼓勵或激發學生學習的意願：由於我的學生本來程度就非常不理想，所以剛開始進行教學時，她完全以「不會」來回應。

我先示範、再陪讀，隨時給予肯定及讚美，且常有小禮物作增強，慢慢的，她比較有信心回答我的問題或向我提出問題，學習情況逐漸改善。

2.透過將制式化的教學流程不斷重複的方式，加深學生印象，學會如何理解一篇文章的內容。當學生「看懂」文章或故事的內容時，她對學習就更有興趣了。所以我的學生在進行繪本教學時，主動向我借書回家看，而且還自己拿去影印，她說這樣她就可以常常看到了。我聽了覺得好感動。

3.因為「多」閱讀文章或故事，提升了學生認字的能力。另外，表達的能力也有明顯的進步。不過，由於一直都是只有我和她在互動，沒有其他同儕，所以只要有其他人出現，她的反應就遲鈍了。我覺得或許是她自信心還不夠吧！

雖然整個實驗活動將結束，我還不知道究竟是怎麼一回事造成我的學生閱讀有障礙，但是，當我看到我的學生在學習過程中，對自己的表現有一點點信心，對書本的喜愛也增加了，即使她的進步只有一點點，對我而言，這仍是一次成功的教學實驗。

七、賞書悅目　台北縣三光國小李慧娥老師

～唯有以欣賞書籍的角度出發，學生才能發自真心的悅讀～

利用繪本教學是否能有效提升學生的語文能力？相信這個問題的答案，在許多老師的心中是肯定的；但卻又有多少人真正實踐過？尚未從事繪本教學之前，在許多外國影片中，經常看到歐美國家的父母們，會在睡前唸故事給小孩聽，這樣的溫馨畫面令人稱羨。在日常教學之中，老師們常因課程或教學進度而無法實施，也因為這樣的僵固思考模式而錯失良機。參加王老師所主持的讀寫合一教學研究計畫之後，提供我實施繪本教學的初步架構，也開始展開一趟「賞書悅目」的教學之旅。

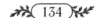

（一）教學成效與應用

　　讀寫合一教學設計不僅提供結構化的教學程序，並有效提供學生摘要故事情節的明確架構。經過半年來的教學，學生不僅藉由閱讀在拼音的速度上提升了許多，其識字量及能夠書寫的國字亦增加了不少，並且經由故事結構單的指導，學生已能摘要故事情節且能有效預測故事內容等，在整體教學的成效上有相當的進步。教學者與學生的導師進行訪談，導師亦認為個案與尚未介入教學前有相當明顯的改進，諸如：其國字識字量及書寫量明顯優於同時間轉介進資源班但能力高於個案卻未進入資源班的學生，較能自行書寫作業等。目前教學者正計畫將老師輔助的角色逐漸撤除，由學生自行選擇喜歡的故事閱讀，其閱讀的書籍並不加以限制，依學生自己的喜好選擇，並在毫無協助的情形下，請學生自行閱讀，閱讀後如無法說出故事，則請學生多閱讀幾次，並給予學生自我表現的機會，請學生將閱讀之後的故事說給同學或老師聽。另外亦可將學生所習得之能力，遷移至書寫日記（作文）、改編故事（劇本）、至普通班說故事給低年級同學聽等。

（二）困境與解決途徑

　　剛開始接觸此教學設計時心中不免有些困惑，因為學生之識字能力相當低落，一篇文章約有八成以上的文字皆不認識。該如何閱讀？教學者認為唯一的解決途徑，便是在尚未進入讀寫合一教學之前，先利用十週的時間教會學生使用拼音來幫助閱讀。

　　剛開始執行讀寫合一教學時，因學生拼音速度緩慢、識字與書寫能力低落、無法書寫故事結構學習單及注意力渙散等問題，使得整個教學過程因教學時間過於冗長而倍感挫折。為了使教學能夠順利進行，只好延長教學時數及改變教學策略等。相關修正策略條述如下：(1)由於學生對於書寫

故事結構學習單有些排斥，所以只好減少學生書寫的分量，例如：部分內容（例如：事情經過）改由學生口述、老師書寫並讓學生抄寫的方式進行；(2)學生對於故事屋六個重要部分因文字的描述較抽象而無法理解，所以教學者決定先利用演戲的方式，讓學生親身體驗何謂主角（角色分配）、情境（布景）、主要問題（旁白）、事情經過（場次）、故事結局（結局）及主角反應（將主角的內心感覺表演出來）等（見附錄二），並以「火車快飛」曲調填入六個重要部分的關鍵詞，以唱歌的方式來幫助學生記憶（見附錄三）；(3)學生注意力渙散的主要原因，與學生唸繪本所需時間較久有關，為了彌補此缺陷，教學者設計風水輪流轉活動（以輪流按鍵請對方接唸，計分比賽）及神機妙算活動（預測故事內容、計分比賽）等方式進行。

經上述教學策略輔助之後，學生較能進入狀況。因此種教學策略不僅提供學生具體的學習經驗，又能激發其閱讀的興趣，對於長時間無法坐在座位上的學生亦何嘗不是一帖良藥，因為「唯有以欣賞書籍的角度出發，學生才能發自真心的悅讀」，也唯有自動自發的悅讀，才能獲得閱讀真正的效益。

八、小大心聲　　　　　　台北市興華國小邵允賢老師

學期初，正在忙著如何為學生排課時，突然來了一通電話，告知有個閱讀的教學實驗計畫，正在尋找志願參加者，衡量了一下學生的情況，應該可以配合，也想多學習一些新知，於是答應參加這項教學實驗計畫。

第一次大家聚集起來開會討論時，我驚訝的發現：「嘎！參加實驗的老師人數這麼少？」驚訝的原因之一是，我以為會有許多老師參加；原因之二是，參加的老師中有許多位已是碩士，他們的特教資歷可想而知，而我不過是一個剛出茅廬的毛頭小子，於是在非常誠惶誠恐的狀態下和這個團隊的成員互動；不過我是衷心的感到榮幸，能有這樣的機會學習更多專

業知識。

經過多次的討論及嚴謹規劃後，終於決定了小朋友們要讀的繪本和整個教學流程，對我而言，這又是一次成長的經驗。我分別教兩組不同年級的學生，各是三年級和五年級。

（一）教學初期

一開始讀短篇故事時，三年級的孩子覺得讀文章很難，雖不會拒絕讀，但問及故事的細節時，總是說不知道；五年級的孩子也愛讀故事書，問起故事的細節，總能說出一大篇，卻常說不出重點。寫故事結構內容摘要單是他們感到最痛苦的事，三年級的小朋友會直接唉聲嘆氣，有時左勸右勸仍無法改變心意；五年級的小朋友畢竟較年長，只要稍加鼓勵，就能願意並專心在自己的工作上。

（二）教學中期

開始讀繪本囉！當小朋友拿到那些文圖並茂的故事書時，興奮的表情真是和之前不同，不但讀得起勁，討論時還有圖片可以參考，更能幫助他們了解故事內容的變化，也較能抓住文章的重點。故事地圖單也和之前不同，小朋友覺得很新奇。

（三）教學後期

又回到讀短篇故事的文章了。有小朋友很直接的說：「我想讀有圖片的書。」還有的小朋友希望能繼續使用故事地圖單。在這段期間，相較之下，五年級的小朋友仍對讀故事書較感興趣。

陪著小朋友們一同讀了繪本、寫完了學習單，實在看不出他們的能力是否有增進，總覺得教學過程好像一直是在半推半就的情況下進行著；但在完成實驗的後測後，卻驚訝的發現孩子們真的在識字和閱讀理解方面有

長足的進步。

五年級組

這組的小朋友從一開始就明顯的表現出「願意讀故事書」的態度，寫學習單時，雖然內容常會寫得不完整，但大多時候不需老師好言相勸，即能努力完成。

每個孩子完成的速度不同，但正在繼續努力者的情緒，似乎不太容易被已完成者干擾，尤其是主要參與實驗者，他的表現一直很令人欣慰——很願意讀故事書，也幾乎都在很專注的情況下完成學習單。

三年級組

一開始讀文章時，孩子們覺得很有困難，等到進入繪本後，很明顯的感受到孩子對故事內容的掌握進步許多——因為他們可以「按圖索驥」，尤其主要參與實驗者的閱讀表現越來越穩定。但在維持期時，因為所讀的文章沒有圖片，孩子表現得較意興闌珊，學習單的成績也因此受到影響，感覺得出他並未發揮出實力。

近半年的教學時間裡，讀了約十五篇文章或故事，學生在識字和閱讀理解方面的進步，確實是有目共睹的，尤其是五年級組。最令人欣喜的是，孩子們喜愛讀書了——雖然每次都要寫學習單，似乎也未令他們對閱讀反感，在學習過程中，給予適度的壓力，應該也是進步的原因吧！

九、反覆驗證　　台北市華江國小陳姝蓉老師

回憶參與實驗教學的過程，需回溯至去年暑假的某一天突然收到王老師寄來的電子郵件，提到想找我擔任專案研究助理的工作，當時的感覺只能以又驚又喜來形容，驚訝的是居然找一個對於專案研究工作絲毫沒有概念的我擔任助理，日後老師的辛苦是可以預期的！喜悅的是我對於閱讀障礙的教學工作有濃厚的興趣，非常欣喜能有進一步學習的機會，並向老師

要求希望能讓我擔任教學實驗的教師，總感覺擔任教學前鋒的工作才能更為貼近教學實驗的現場。

由於之前做論文的關係，我對於故事結構教學法已稍有接觸，進行這次的實驗教學工作時，對於理論與教學方法的基礎學習上顯得較容易上手，經過研習後，很快能夠掌握教學實驗的進度與重點，教學過程中遇到的阻礙並不多，這應該感謝王老師在我遇到問題時總能用心的聆聽，並且適時的給予關鍵的指導，讓我對於故事結構教學過程的掌握能更加熟練。比較兩次（前次是我論文的教學實驗）的故事結構教學，以下幾點是我想提出來跟大家做分享的。

首先是教學內容部分，教學採用的故事繪本乃由十多位學員共同討論所選定，故事內容與繪圖都非常精采有趣，學生學起來顯得更加的興致勃勃。故事結構內容分為主角、情境、主要問題、事情經過、故事結局、主角反應等六項，配合教學過程中六個問題的引導與討論，較之前次的教學實驗（分為主角、情境、開始事件、主角反應、事件發展、故事結果等六項結構），本次的教學設計進行起來比較順，學生在討論各項結構內容時較少出現結構間混淆的現象。其中較值得一提的是，主角反應的部分屬於較難的故事結構內容，雖然在初次指導時顯得較為費力，但因這是閱讀障礙學生常缺乏的能力，能夠有直接教學介入的機會，對於提升閱讀能力是相當有幫助的。

其次是教學對象方面，這次我採取小組上課的方式來進行教學，小組中有一位學生是識字困難較為嚴重的個案，教學進行中雖然發現該生的語文理解能力不錯，但其認字量貧乏的主要問題，在實驗過程中一再的阻礙其他閱讀活動的進行，需要更多的協助，這個問題在我的前一次教學實驗中亦有出現，似乎需進一步針對其識字困難的部分進行直接的介入，方能解決該生在識字方面的問題。

最後是關於故事結構能力評量的部分，收集的是故事結構地圖單與故

事結構問題學習單，教學過程中學生必須花很多時間在書寫故事結構內容，特別是對於那些書寫有困難的孩子，書寫的動機很弱，往往需要很多額外的鼓勵與增強才能順利完成，如果能有其他更容易的替代評量方式（如選擇、填充或連連看……等等），或許能讓學生更喜愛整個學習閱讀的過程。

比較起以往自己在教學與課程設計上的單打獨鬥，參與這次的教學實驗工作，能與十幾位實驗教學夥伴們共同討論與經驗分享，真是一次相當難得的經驗，希望以後還能有這樣的學習機會。

十、成長與省思　　　　台北市太平國小李湘如老師

參加這一次讀寫合一教學實驗計畫，是與以往研習全然不同的經驗。我們不是純粹聽講，也不是一兩次就結束的研習活動。參與計畫的所有老師變成一個工作團隊，一開始有安排基本研習課程，讓大家熟悉一些理論架構；再者是設計完善的實驗計畫，供參與的老師們進行教學實驗；而期間安排數次討論活動，方便大家疑慮釐清，並可藉由團體討論與分享，使得這項計畫更加成熟與完善。參與這項計畫活動，實則是對教師在專業成長方面一大助益。

整個教學活動時間約為每週 2 至 3 節課，為期約 3 至 4 個月。我選擇四年級的學習障礙學生作為教學對象，他溝通能力尚可，識字、寫字能力尚可，但閱讀理解能力稍差。

在經過持續性的教學實驗後，我比較了學生實驗前後的學習情況，發現有下列的成長，但仍有值得改進的空間：

1. 在統整故事內容方面有進步：學生之前閱讀時，易漏字跳行，且分段故事內容時易跳東跳西，遺漏許多故事情節，且不知如何擷取故事重要部分。目前可以大致抓出故事重點。書寫內容方面，藉由關鍵字的提醒（可逐漸移除），將內容書寫出來。

2.分享式閱讀引導有助於學生對故事內容的了解與印象加深，對學生書寫與講述故事皆有幫助。

3.重述故事能力有提升：重述故事時結巴情況有稍微改善，能夠運用故事結構方法，自我引導與提醒。

4.易受既有文字與圖片限制：在講述或寫出故事內容時，若看著文章或書本發表，寫字易用抄寫，或是只就看到的圖片說出內容，而遺漏許多故事情節。改善方式為嘗試讓學生獨立說出故事結構的各個部分，將其說出的內容寫出關鍵字，再讓他參考關鍵字將內容寫出，較能避免抄寫的問題。

5.事情經過與主角反應獨立處理上較有困難：在書寫故事結構單時，分段事情的經過部分較有困難，由於此一部分為文章的主體架構，在摘要節錄上顯得較困難，易寫出無關緊要的部分，或是遺漏許多故事情節。改善方式如上述第四點，需輔以口述及關鍵字學習。而主角反應則需視其主要問題、事情經過、故事結局而來，可以箭頭指向上面三項中有關的主角反應，避免因需重複寫出內容，而遺漏主角的感覺。

6.能夠廣泛運用故事結構分析：除了在此實驗計畫外，可將故事結構分析文章的能力運用到其他方面，例如國語課文、閱讀故事或表達事件。運用此方法，較能有效組織文章各個結構。

一項好的實驗計畫，也許在執行時需有耐性，但經由一連串按部就班的施行之後，從教與學的過程中，常常會有意想不到的收穫。且經由親身投入教學實驗，理論才能真正轉為對教學有助益的方法與策略。以自身經驗為例，將故事結構教學方法延伸至其他年級的語文教學，例如六年級閱讀分析課文、五年級觀賞影片後的內容描述⋯⋯等，皆有不錯的效果。個人覺得此一方法對於整體閱讀能力與故事結構分析書寫方面，確實是一種值得推薦的教學方式。

　　坦白說，我是誤打誤撞、半推半就，也真是超級幸運的加入了這一次的「讀寫合一教學實驗計畫」。前兩次上課都還因為和另一個研習衝突到而沒能出席，心裡實在是很惶恐，想說：我本來就對閱讀教學沒啥特別研究，還敢兩次沒到，再次萌生了退意。但「輸人不輸陣」，再怎樣也不可因一丁點兒的突槌而逃避！於是，第三次上課時，我戒慎恐懼的進入了教室，第一次見到了我的戰友們，而後，真正的重頭戲才要開始呢！

　　前測時，中低年級兩位小朋友的反應就足以令我心驚膽顫的了。正式進入教學活動之後，高年級的小朋友們對於六項結構總是能在我解說三至五次之後抓到重點；但中低年級的兩位寶貝學生可真讓我吃盡苦頭，挫折感大增，我常常是說得「有嘴沒涎」了，兩位老兄還是一副「莫宰羊」、「關我啥事」的樣子，這令我抓狂的感覺，真不知是把自己打昏好，還是硬逼著他們「吃」進去好?! 此時，我真心的希望擁有小叮噹的獨家法寶：記憶吐司──將六項結構印在吐司上，讓小朋友吃下，如此一來，就可不費吹灰之力的令孩子們一一記得。

　　「也許是我解釋得還不夠吧?!」「也許是他們的理解力較差吧?!」「也許是他們對六項結構的熟悉度不足吧?!」於是在一次深切的討論之後，我毅然決然的放棄了對中低年級小朋友的教學活動。唉！我也是千百個不願意啊！

　　心想：接下來的日子，只需要對高年級小朋友進行教學活動，應該是件輕而易舉的事了吧！而且，我可是有先見之明的呢！怕孩子會因個別學習太過孤單、無法持續，而令此研究計畫胎死腹中，所以特地找來了兩位學伴，期望能因同儕的相互刺激，而在不久的將來呈現出豐碩的成果。但孟子說：「天將降大任於斯人也，必先勞其筋骨、苦其心智……」由於孩

子們的導師要求每二週寫一篇五百字以上的作文，使得他們對「寫很多字」這件事深惡痛絕。現在，「快樂的資源班」又得定期要求他們完成【故事內容摘要單】，那真是一種折磨啊！尤其是當他們無法通過實驗所要求的標準，得再多讀一篇文章、多寫一份故事內容摘要單時，我總得低聲下氣的懇求他們「再試試看」、「再加油一下下」，不厭其煩的心戰喊話：我們的作業就快完成了，再幫老師一些忙嘛！就這樣，舉步維艱的在一片哀嚎聲中完成了示範期的資料收集。期末討論會中，我偷偷的窺探了一下其他老師的進度，OH，MY GOD！那豈是我所能及的。

之後，適逢學期結束，不論結果、成果如何，大家正好趁機鬆口氣、休息一下、緩一緩情緒，以便將來走更長遠的路。

下學期開始，一片新氣象，校園附近正值櫻花盛開，不但吸引遊客們駐足，也令師生們努力地把握住這欣賞的大好機會，人人的興奮之情溢於言表。但資源班卻一片愁雲慘霧，原因無他，「又要寫那個作業單喔？」「好啦，只要再讀六本繪本就可以結束了啦，老師真的希望你們能持續加油耶！」在我不得不使出教師權威的半強迫下，孩子們開始了繪本的閱讀。

一接觸到繪本，孩子們的反應就有了一百八十度的轉變，他們的表情毫不掩飾地洩露了他們心中的秘密，不但人人願意讀，還主動要求要上閱讀課，「傑克，這真是太神奇了！」在每次的互動中，孩子們一點一滴的進步，從被動的認識作者、繪者、出版社，到主動的互相討論；從不在乎圖片的存在與否、純欣賞圖片，到仔細觀察圖片以獲得更多的連結，在在都叫我感動。孩子們會告訴我：哪些書的作者是同一人、哪些書是由同一個出版社出版、插圖帶給他們的不同感受及經驗，甚至邊唸邊指著圖片，向我露出一個會心的一笑，好似在告訴我「老師，你有沒有看到這些文字和插圖所表達的意境，竟是那麼的相近」、「你看，那幅圖畫得多傳神啊！」有學生如此，夫復何求！？從來都沒想到我也能有媳婦熬成婆的一天，終於，我也能嚐到倒吃甘蔗的甜美滋味，這真是太讚了！這美好又夢

幻的感覺，真是始料未及的……

　　唉！「事情絕對不是親像憨人所想的那麼簡單而已」。不過二、三次，孩子們對於【故事地圖單】的填寫又出現了反感的情緒。「神啊，請救救我吧！」我到底是要放棄、承認失敗，還是繼續撐下去呢？說之以理、動之以情，居然都無法戰勝孩子們的寫字恐懼症。事已至此，我只得放手一搏，拿出最後的絕招：送、送、送，奪命連環送——小朋友只要寫完一篇故事地圖單，就立即送一份精美小禮物。古人說：「吃人的嘴軟，拿人的手短」嘛，看到孩子們眉開眼笑的挑選著禮物，我就知道這招奏效了！為了完成老師所交付的使命，我終於看清了人就是這麼現實、無情的動物，嗚、嗚、嗚……

　　就在這一連串的心戰遊戲、血淚交織的劇情中，總算不辱師命的、竭盡所能的完成了所有資料的收集。暫不問結果是否達到原先所預定的目標？！過程中，就好比爬山，每每在剛出發時，總要經驗一段撞牆期，拼命的責怪自己：為何要讓自己陷入這種痛苦又毫無退路的磨難中？最終，當自己站在山頂上俯瞰大地，感受著登高望遠、登高而小天下的豪氣時，才體會到「不經一番寒澈骨，那得梅花撲鼻香」的深遠意境。在這不算短的半年時間裡，往往受自己的偶爾怠惰、愛拖延的個性，以及孩子負面學習情緒的影響，而數次萌生放棄的念頭。還好，礙著面子，我仍是咬緊牙關，死命的苦撐了過來。因此，不但得以踏進繪本教學的大門，一窺其中奧妙，習得了一點點皮毛，更重要的是破了自己總只有三分鐘熱度的壞名聲。回頭想想，這一路上所經歷的種種，才真是值得我今後去細細品嚐、回味的。

十二、從說話到讀寫：一條漫漫長路　台北市信義國小陳瑞霞老師

　　從一開始接到這個教學實驗，第一個想到的就是手上這兩個學生（小光、小柯），他們就是那種寫字凌亂、不太記得住國字，雖然知道拼讀注

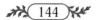

音怎麼回事，但是透過練習仍然聲調分辨困難，唸一個句子，會唸到旁人不知其意的孩子，我想，這次的實驗教學應該對他們來說是適合的。

　　兩個孩子雖然相似，但不同之處仍多，實驗一開始做前測時，兩人出現的問題就不太一樣了，小柯總是無法回憶故事內容，每次都很興奮的拿著錄音機，卻半天說不出故事來，小光則是寫出了一些需要再翻譯的句子，心想，我選對人了吧，就是這樣才需要教學呀！但心裡總覺得有點難為他們，因為這樣的前測不知道對二年級小朋友來說會不會有點難？

　　開始進入 B1 示範期教學，起初孩子的進步是顯而易見的，但沒能維持太久，當教學進入故事經過的部分，兩個孩子的主動和愉悅不見了，取而代之的是怯生生的回應，看著他們對於故事經過的無奈，總覺得這是這年紀小孩該學的嗎？不只他們不會，連普通班的孩子應該也不怎麼樣吧！另外，在教學過程中也深深感受到文章的挑選真是一門學問，有些文章的結構易於梳理，但在理解部分就要花一些功夫，有些文章很好找時間、地點，但是主角反應就不明顯。想想文章何其多，書寫方式又是形形色色，當初老師和妹蓉在挑選文章時，一定是傷透腦筋呀！

　　教學過程中一直保持較佳表現的小光，果然在這個階段的後測過關了，那個總是記不住故事的小柯，也在意料中敗北了，但是，我想接下來的故事教學應該更有趣，雖然小柯過不了測驗的標準，但他應該也喜歡聽故事吧！而且繪本中有插圖的幫忙，應該會解決他回憶故事上的問題。

　　隔了一個寒假再回來，小光停止服用 ADD 的藥物了，一切情況會不會因此而受到影響我不知道，總之，用繪本上課應該是一件受學生歡迎的事。下學期我增加了參與分享閱讀的學生，共有五位，除了小光、小柯外，還加了仔仔（LD）、碩碩（ADHD+LD）和小恐龍（MR），每一本故事大家都聽得津津有味，許多表現也是我在其他課程中看不到的，例如：對文字超沒感情的碩碩竟然跟著韻文式的故事內容背誦起來；MR 的小恐龍可以把聽過的故事簡單的再說一下；會忘記故事的小柯自從有了插圖的幫忙，

不但故事的架構和內容都在，還可以把細部描述出來，這真是一個令人高興的開始。不只如此，在討論事情經過時小光和小柯都有了進步，小光在不看圖的情況下大約可以自己整理出八成左右，而且會嘗試用條列的方法說出；原本會想不起故事內容的小柯，現在可以看著圖來說故事經過，他自己也感到十分高興。我想，雖然故事經過的整理是他們這個階段才要開始學會的，但是透過這個教學法，似乎替他們搭了學習鷹架，讓他們更容易上手。至於小光停藥後的問題還是出現了：字形左右顛倒、聲韻覺識能力不佳、書寫筆劃及方向錯誤……等現象不斷的在寫故事地圖單時出現，和上學期的表現比起來，我觀察到他少了自我監控的能力，許多的錯誤都無法自己去覺察和修正，所以在書寫的表現退步許多，這倒是當初沒想到的：原來故事地圖單可以當作學生自發性書寫品質的觀察工具呀！

　　因為繪本，這群孩子都變得專心，專心聽，也專心看書中的插畫，有人從不看書，到現在會煞有其事的拿起書端詳，我想這是繪本才有的魅力吧！透過繪本，跨越了孩子能力上的限制，一本完整的繪本真的比教學意味濃重的課文有吸引力多了，不但有親和力，也不會有「會」和「不會」的問題出現，但每次上完故事課都會覺得：這些孩子其實只想很單純的聽故事、看圖畫、從故事裡做做夢，而我總是要把正在享受故事的他們帶入教學的現實中，可以感受到學生在進入討論時，就已擔心接下來要寫學習單這件事了。我想，也許是我的技巧不夠，沒能做好銜接；或許問題出在他們自己身上，因為學習（尤其是寫字）對這群孩子來說原本就是個艱鉅任務；或許，問題出在我的標準，我對他們的學習成果抱有太多期待；或許問題出在教材，學習單呈現的方式是不是沒有顧慮到他們的能力？或許問題出在教學，因為在心中建構故事架構和寫出故事架構之間是兩碼子事，而我們忘了把這兩件事做好鋪路？

　　因為是實驗教學，其實還有很多的空間可以思考和探討，以前參加研習，總是經過自己主觀的信念把自己認同的部分留下來，但這次在統一的

教學模式下帶給我更多的反思和學習的機會，提供我一個重新審視自己教學的機會。說真的，這些孩子在能力和興趣上都有所提升，尤其是在「說」的方面，而我相信「會說」是一個好的開始，「會說」可以製造一些寫的材料，期待後續在書寫的部分能有更多規劃和進展。

【編者註：LD＝學習障礙，MR＝智能障礙，ADD＝注意力缺陷，ADHD＝注意力缺陷過動】

十三、明天是快樂的閱讀課！ 台北市信義國小陳靜如老師

對讀寫障礙的學生而言，每天一踏進教室，迎面而來的就是一連串的挑戰：寫聯絡簿、閱讀教材、閱讀黑板上文字與符號、讀評量卷、書寫活動……等，都會讓學生累積挫折，看到學生的信心與自我形象逐漸低落，實在是令人心生不捨。

因此，我很高興有機會參與這個教學實驗，這次教學我找的「候選人」是兩位三年級學障（讀寫障礙）學生，再加上兩位「助選員」（一位聽障輕度、一位選擇性不語症），四人共組「故事結構」小隊，每週五下午利用兩節課的時間，「閱讀課」就開始囉！在各教學實驗階段，我觀察到：

1. 基線期教學：故事結構的六個學習要素中，以「事情的經過」與「主角反應」對學生來說較難反應，不只是需要書寫的字句較多，連要掌握住這兩個要素的要義都比較困難。在「事情的經過」方面，要學生有條理的梳理出故事的脈絡是件不容易的學習過程，他們通常只能抓住故事脈絡中的一個點來發揮。至於「主角的反應」方面，學生則較難以掌握複雜的情緒與反應之間的連結，大部分都只能以高興、不高興、生氣、難過等語詞來覺察。

2. 示範期繪本教學：與基線期的教學相較，由於繪本有圖片可以加強學生的記憶與印象，再加上故事性比起短文強烈，因此學生對繪本的興致

比較高昂。但是水能載舟亦能覆舟（這樣說好像有點嚴重），繪本的繪畫風格也會影響到學生對整個故事結構的認知。在圖畫中，若是出現想像、夢境、漫畫式等表現手法，學生則容易因圖畫的表現風格而混淆故事的概念或脈絡。

3.維持期：材料再度回到短文，學生總是會詢問：「什麼時候才可以讀故事書啊？」由此可見學生對繪本的喜愛。為了滿足學生對繪本的「渴望」，就在學生完成維持期需要的故事結構摘要單之後，再帶領學生用分享閱讀的形式閱讀其他的繪本。在學生獨自完成故事結構摘要單的過程中發現，學生已經習慣從閱讀的材料中尋找文字的線索，雖然「事情的經過」與「主角反應」仍是學生表現較不理想的向度，但是，學生已是表現出「我知道那是怎麼一回事」的神情與態度。

在實驗教學的過程中，最重要的應該是如何持續的讓學生保持學習的興趣，「讀」與「寫」對參與教學的學生而言都是最不拿手的項目，替代與調整的學習方式都是不可缺少的。我的建議是：

1.激發與保持對「書寫」的興趣：剛開始，讓學生選擇想要使用的替代方案，例如：畫線、口述後再由教師代筆；口述後由教師將口述內容書寫在黑板上之後再由學生抄寫等等。在學生書寫的過程中，要持續地給予鼓勵與增強，並善用小團體的良性競爭，刺激與維持學生對書寫的興致。

2.在閱讀文章之前，可以先將文章裡面出現的物品、主角的特質、文章的概念等當成引起動機的教學內容，當進入閱讀文章的教學活動時，可以將「干擾」降低。況且，閱讀的材料本身對學生而言，就是一種學習動機，不管是短文或是繪本，故事的內容對學生都具有一種吸引力，帶領學生品味咀嚼故事中的寓意、趣味，其實就是給予學生持續完成後續對故事結構分析與學習的動力。

3.善用小組學習：在這次的教學經驗中發現，小組成員的組成是相當重要的因素之一，學生在融洽、無壓力的學習氣氛中（四位學生都個性隨

和），彼此在無形之中形成良性的競爭，例如，其中一位學生的書寫速度較快，不知不覺中帶動了其他三人的書寫動作。

　　從四位學生的反應中看得出他們對「閱讀課」的喜愛，每到星期四，就會有學生說：「明天是快樂的星期五！」學生們在上課前，總是會不停的問：「今天要說什麼故事呢？」還好，故事本身的吸引力還不錯，蓋過了「書寫」的強度，雖然，讀完故事總是要完成結構單或故事地圖單，但還好沒讓學生有「又要寫了」的感覺。看到學生在學習過程中的成長與努力，心裡感到十分的感動與感謝。

第二節

教學回應與省思

　　故事結構是 1900 年代初期，人類學家分析許多民間故事的敘述型態而歸納，他們發現故事通常具有幾個元素，包括：主角、問題或衝突、主角試圖解決問題的經過，以及結局。如果是寓言故事，還會有啟示或寓意的部分，例如：「愚公移山」就是透過故事傳達「有志者事竟成」的寓意，勉勵讀者仿效愚公的精神，終究可以排除萬難。不過，是不是所有的故事都具備有上述固定的元素呢？倒也不然！文化差異下，各民族述說故事的方式並不相同，例如：美國印地安人的故事通常不會清楚的呈現結局（ending），他們認為人生本來就沒有所謂的「結局」（或結束）（Cazden, 1988）。因此，故事結構並不是通行所有的故事體文章，只是一種通則式的架構。既然不能貫通所有故事體文章，那麼學生學習故事結構有何助益呢？Meyer（1984）歸納至少有五點益處：(1)對所讀的故事形成預設；(2)組織訊息；(3)判斷訊息的重要性；(4)促進閱讀理解，以及(5)提升回憶。所以，故事結構有點像記憶的鉤鉤，好讓讀者在閱讀時，能掛上重要訊息，

方便事後提取，不至於記得枝枝節節，卻說不出故事全貌。

　　本研究即是基於幫助學習障礙生獲得故事結構的想法而進行，但在研究過程中，為避免最後結果混淆不清，即使是不同實驗教師執行教學，在教材選擇、教學步驟、評量內容與方式還是要一致，因此無法隨個案的狀況進行機動調整。在各實驗教師的經驗分享之後，我們可以發現有幾個問題是進行教學時需要考慮的，包括：如果遇到個案有嚴重書寫或識字困難，要怎麼辦？如何讓學生能將故事結構概念類化到其他故事閱讀與記敘文寫作方面？以及是否一定要用繪本才能教故事結構等議題。茲分述如下。

Q1

遇到書寫困難的個案，怎樣進行故事結構教學？

　　有幾位實驗老師皆反應，書寫困難的個案寫故事地圖單時倍感辛苦，甚至產生逃避學習的情緒反應。在教學現場，老師可以有變通作法，像是讓學生直接在內文畫線替代寫字。問題是故事的「事情經過」通常比較冗長，學習障礙學生未必知道如何濃縮，以至於將一大段內文全畫線，失去找重點的本意。另一種變通作法是，以選答案替代寫字，然後再慢慢將書寫的部分增加。例如由陳淑麗教授和曾世杰教授帶領永齡台東教學研發中心團隊的助理共同設計的國語文補救教學系列，就以不同難度的文章結構學習單（見圖 8-1），來幫助初學故事結構者，或書寫困難的個案。

第八課　爸爸回來了

人物	◎這個課文裡面有誰？ □爸爸、媽媽、外婆、作者 □爸爸、媽媽、外婆、阿姨
起因	◎爸爸去做什麼，好多天都還沒回家？ 答：□逛街　□捕魚　□旅行　□讀書
經過	◎連連看：課文中，作者跟誰做了什麼來祈求爸爸快快回家？ 作者和誰　　向誰　　做什麼事 外婆●　　●向耶穌　　●燒香祭拜 阿姨●　　●向祖先　　●祈禱 媽媽●　　●去廟裡向神明　　●燒香祭拜
結果	◎結果爸爸有回來了嗎？ 答：□爸爸回來了　□爸爸沒有回來

爸爸回來了

人物	◎這個課文裡面有誰？ 答：	
起因	◎爸爸去做什麼，好多天都還沒回家？ 答：	
經過	作者和誰	向誰	做什麼事
	1.		燒香祭拜
	2. 媽媽		
	3.	去廟裡向神明	
結果	◎結果爸爸有回來了嗎？ 答：	

圖 8-1　不同難度的文章結構學習單（上圖，難度一；下圖，難度二）

資料來源：永齡國語文教材——奇妙文字國 2「文章結構」的學習單

遇到識字困難的個案，怎樣進行故事結構教學？

認字困難的個案能不能教故事結構？從本研究多數個案的識字能力不佳，卻都可以慢慢掌握故事結構來看，識字困難的個案應該可以學會故事結構。現場教學時，老師可以做一些調整。

老師不一定要從「讀」故事開始，而是改由「聽」故事開始，並將幾個常見的故事元素以圖像、符號呈現，例如：「人頭」表示「主角」，「時鐘」代表「時間」，「房子」等同「地點」，「箭頭」提醒「事情經過」，「句點」暗示「結局，完了」，讓識字不多的學童（或一般學前幼兒）也容易上手。

對學齡階段的孩子，識字亦是閱讀教學的重要目標，面對識字很弱的孩子，老師挑出故事中「重要的字」來教，也是需要的。不過要強調，「重要的字」不等於「生字」，如果要教學童所有他們不會的生字，那將佔據很多時間，也失去注意的焦點，以及享受閱讀故事的樂趣。「重要的字」包括兩種層面，一是一般高頻字，即經常出現在各類文章中；二是特定故事的常見字，例如：在「鱷魚的花園」一文中，「花」算是高頻字，但是「鱷」是該故事常見字，老師可以將「花」做為「習寫字」，「鱷」選為「認讀字」，前者是學生會認也會寫的字，後者只要會認讀即可。再者，如果教學的重點是讓學童學習故事結構，那麼請不要貪心，一個故事不要挑許多字教，以免增加學生的認知負荷，分散其注意力。

Q3　如何鞏固個案對故事結構的概念，並類化到其他故事？

　　一般研究案經常會受限於經費補助期限，因此，不管教學效果是否穩固，在一定時間內就得要結案。但是老師每天的教學沒有結案的困擾，如果老師認為某一項策略或技能對學生有用，自然可以持續指導，不是學期一完就跟著結束。如何鞏固個案對故事結構概念，並產生類化效果呢？

　　誠如參與實驗的楊淑芬老師所言，「制式化的教學流程不斷重複的方式，加深學生印象」，因為教學有固定的樣貌，學生比較容易上手，也較能預測接下來會發生什麼事情。但是學生要做到「類化」，又是另一個層次的問題了。明示的教學很重要，老師不只是在看繪本的時候提到故事結構，平時上國語（文）課時，假如該篇文章用得上故事結構，也不忘引導學生再次練習故事結構，如此一來，故事結構的概念才能在他們的心中慢慢生根，否則學生是健忘的。

Q4　故事結構教學可以延伸到寫作嗎？

　　有次親戚拿他念小五的孩子的作文讓我看，請我指點作文。因為學校老師覺得孩子數理能力很不錯，作文怎麼才寫這樣？於是跟家長反應此狀況。我看了孩子所寫的一兩則日記之後，也跟他聊一聊，看他是怎麼想的。

　　日記內容讀起來果真很跳，雖然講的是週末全家人到大賣場

購物，卻可以連到電腦科技日新月異，影響人類未來的生活……，大概是因為在賣場看到他喜歡的電腦，有感而發吧！他還將老師教過的成語努力放入文章中，以「增加」文章的豐富度與深度。我當時就用故事結構的想法，引導他把購物的「人」、「時」、「地」、「過程」（叮嚀講一兩件特別有趣或難忘的事件即可，否則會被認為是流水帳）、「感受」，以及「結果」連在一起。這件事情光是我說還不夠，平時還有賴學校老師多引導。雖然寫作沒有一定要如此制式，但是遇到連事情都交代不好的學生，我們是否應該從基本的元素開始，而不是一味告訴學生寫作要引經據典才有力，多用成語才是好文章呢？

記敘文作文教學時，老師可以參考本書故事地圖的樣子（或變化成「故事花朵」，中間的圈圈寫「文章標題」，其他花瓣分別是「人」、「情境」、「問題／事件」、「行動／過程」、「結局」、「感受」等），讓孩子先腦力激盪，用口語表達自己的想法，老師順便將一些語詞寫在黑板上，之後再讓學生動手寫作文。等基本敘述架構建立了，要再加上「成語」、「名人嘉言」、「各類感官的描摹與修辭」技巧也不遲，但那都是以後慢慢加上去的，否則就像裁縫師做衣服之前，不先考慮衣服的形式與大小，就拼命在布上面繡花、加珠珠，不但本末倒置，甚至可能做白工呢！

繪本是不是故事結構教學必要的素材？

　　幾位實驗老師不約而同的反應到，繪本對孩子的吸引力很大，即便是不愛寫學習單的孩子，還是會深深地被精彩的圖片與故事吸引，主動詢問：「什麼時候才可以讀故事啊？」孩子為獲得聽故事和看繪本的機會，甚至願意勉為其難的寫作業。這些老師的觀察日誌，不知道會不會讓人以為故事結構教學非用繪本不可？或是本研究所用的繪本書單成為老師選書的指南？我希望兩者皆非。

　　其實不用繪本，一般課本內的故事或文字書也都可以拿來教故事結構，當初選用繪本的理由是，想讓學生跳出國語課的框架，真正接觸實體書，加上繪本有圖片輔助內文理解，就算其中的國字不見得全認得，光看插圖也是不錯的藝術欣賞。況且這些資源或許也不是一些來自弱勢家庭的資源班學生容易取得的，所以研究案願意補助經費，購買好書讓資源班學生閱讀。

　　不過教材如何是一回事，老師有效的教學才是功不可沒。教學時要把握教材安排由易而難；先給學生多一點支持，再慢慢撤除協助，最後放手讓學生自己試試看，以穩健的教學步調，提高學生學習成功率與成就感；建立良好的增強制度，做好班級經營等等。如果發現本書所提供的流程或學習單不適用在你所教的個案身上，也可以依據上述建議彈性調整。畢竟，讓學生學會有用的方法才是我們期待的目標，否則就會落入無謂的爭議，像是國文課本古文和今文各要佔多少比率之類的問題，其實真正的問題應該是：我們要教學生什麼？

第九章

實驗教材內容

　　本教材之編製係按教學實驗之需要而設計的,呈現方式亦按照實驗進行的順序分為基線期、教學期,以及維持期三部分,但因基線期與維持期的內容來源與取材的標準相近,一併放在第一節介紹,第二節再談教學期不同階段的教材。

第一節

基線期與維持期教材

　　在尚未進行故事結構教學前的「基線期」與教學實驗結束後不再做教學介入的「維持期」中各有五篇評量材料,分別作為前測與後測用,此十

篇故事皆取材自台灣省教師研習會1997年編製一套共十二冊的《低年級國語補充讀物》，各篇之出處、總字數、相異字數摘要表整理如表9-1，各實驗階段最少需要評量三次，但為求學生資料穩定，所以各階段準備的評量材料會多於三篇，以供需要者使用（如：學生前三次的表現起伏不定，必須把觀察時間拉長），而每篇故事之後附上的「故事結構分析表」係為求評分更客觀而擬定，內容由所有參與實驗的教師共同討論而成。

　　另外，在「故事結構內容摘要單」的設計部分，前後測也是相同的格式，考量基線期階段，學童尚未接觸故事結構教學，對於結構元素的認識尚且陌生，因此，儘量不用到故事結構教學中六個元素的專有稱謂（即主角、情境、主要問題、事情經過、結局、主角反應），而將這些問題以一般學童可理解的口語方式陳述（參考故事結構內容摘要單，第196頁）。

表 9-1　基線期與維持期階段評量材料摘要表

故事名稱	出　　處	總字數	相異字數	備註
鱷魚的花園	台灣省教師研習會（第三冊）	319	158	前測㈠
三年坡	台灣省教師研習會（第八冊）	318	136	前測㈡
小青蛙尾巴痛	台灣省教師研習會（第四冊）	405	152	前測㈢
田鼠阿飛	台灣省教師研習會（第七冊）	350	157	前測㈣
長滿青苔的怪石頭	台灣省教師研習會（第十冊）	689	195	前測㈤
許願井	台灣省教師研習會（第六冊）	338	157	後測㈠
黑狗和花貓	台灣省教師研習會（第七冊）	384	187	後測㈡
小貓上樹	台灣省教師研習會（第八冊）	411	162	後測㈢
巫婆瑪姬	台灣省教師研習會（第九冊）	598	236	後測㈣
冒氣的元寶	台灣省教師研習會（第十一冊）	653	249	後測㈤

基線期與維持期
之評量材料

第九章　實驗教材內容（基線期與維持期教材）

鱷魚的花園

　　有一隻鱷魚，覺得自己很醜，每天照鏡子，越來越難過。動物們看見牠一臉不開心的樣子，都不想靠近牠。

　　鱷魚沒有朋友，每天坐在家裡發呆。牠覺得自己的家，越來越難看。

　　有一天，牠又坐在那裡難過，忽然，牠看到圍牆四周長出了一些花，有藍的、有紫的，小小的院子，一下子顯得活潑、亮麗起來。這時候，鱷魚覺得心情好多了。

　　「這些花讓院子變得漂亮，也讓我高興起來。一定是風把花的種子吹來的，也許小鳥也幫了一點忙吧！對了，我知道該怎麼做了。」想著想著，鱷魚有一個很奇妙的念頭。

　　牠買了一大包種子，撒在院子裡、道路旁、小河邊、山坡上，連石頭縫也

不放過。

遇到朋友的時候，牠會高興的說：
「我雖然長得不好看，但是，我可以讓這個世界變得更美！」

春天來了，到處都開滿了花。紅的、白的、黃的、紫的，還有藍色的。

動物們覺得今年的春天特別美，都來向鱷魚道謝。牠們一起唱歌，一起跳舞，鱷魚再也不寂寞了。

三年坡

　　從前從前，韓國有個地方叫三年坡，四季都開滿了美麗的花朵。但是這麼美的地方，卻有一個讓人害怕的傳說：「一跤摔在三年坡，只有三年讓你活。」所以，每個從三年坡經過的人，都很小心，就怕摔跤。

　　有一回，一個老公公到另一個村子去賣布。在回家的路上，經過三年坡，一向小心的老公公，竟然絆到石頭，摔了一跤。老公公臉都嚇白了，飛快的跑回家。

　　果真，從那天開始，老公公什麼也吃不下，躺在床上，生起病來，村裡的人都為他擔心。有一天，村裡的一個小孩對老公公說：「你只要再到三年坡上摔一跤，病就好了。」

　　「什麼！你要害我死得更快嗎？」

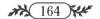

「不是呀！你想，摔一跤活三年，摔兩跤不就活六年，摔三跤就可以活九年，那麼多摔幾跤，一定可以長命百歲了。」

老公公一聽，覺得很有道理，就跑到三年坡上，接連摔了好幾個大跟斗。他回家以後，眉開眼笑，病真的好了，而且又活了好多好多年。

小青蛙尾巴痛

　　一早起來，小青蛙就說牠的尾巴好痛。

　　青蛙爸爸指著自己的屁股說：「怎麼會呢？我們哪來的尾巴？」

　　但是小青蛙還是說牠的尾巴好痛，要躺在床上休息，不能上學。

　　青蛙媽媽準備了一份青蛙最喜歡吃的蚊子大餐，可是小青蛙說牠痛得什麼都吃不下。

　　媽媽找牠一塊去玩水，小青蛙還是說牠的尾巴痛，不能玩。

　　媽媽想了又想，又拿出了一本故事書，走進小青蛙的房間。

　　「小青蛙，我們一起看個故事好嗎？」

　　「人家尾巴痛，坐都坐不起來。你都不相信。」小青蛙說著，大顆大顆的

眼淚流了下來。

　　傍晚，青蛙爸爸回來了。媽媽說小青蛙好像真的病了。爸爸搖搖頭說：「希望牠還記得牠是一隻青蛙，不是蝌蚪。」

　　吃過晚飯，青蛙奶奶來了，帶著一條新的游泳褲，送給小青蛙。

　　「牠現在不會穿的，牠一直說尾巴痛。這孩子真麻煩！」媽媽說。

　　「是嗎？我來看看。」奶奶一邊說一邊走進小青蛙的房間。

　　「小青蛙，聽說你的尾巴痛。」

　　「是啊！奶奶。」

　　「你的尾巴哪裡痛呀？」

　　小青蛙指著左邊的腳趾說：「這裡。是一隻小老鼠咬的。」

　　「哦！奶奶正好有個東西可以治尾巴痛。」奶奶從皮包裡拿出一條手帕，把小青蛙的腳趾頭包起來。

　　小青蛙從床上跳下來，高興的喊：「媽媽，還有沒有蚊子大餐？」

田鼠阿飛

　　田鼠阿飛是個負責盡職的送貨員，客人訂的蛋糕，他都會平平安安的送到，不管多麼的困難，多麼的辛苦。

　　有一天，老闆請他送一個蜂蜜蛋糕給老黑熊，老闆說：「這個蛋糕，今天下午一定要送到。」阿飛一看地址：「天哪！那可是好遠好遠的地方。」

　　阿飛騎上腳踏車，送蛋糕去了。他騎上山坡，路越來越陡。騎呀騎，一直騎到輪胎的氣都漏了，才到了山頂上。

　　他看到路邊有一雙溜冰鞋，就穿了起來，順著山坡溜下去。溜哇溜，一直溜到輪子都壞了，才到了樹林的邊上。

　　這時候，路邊正好有人在賣球鞋，他買了一雙，穿在腳上，跑進樹林。跑哇跑，一直跑到鞋子開了口，還是沒到目的地。

他把破鞋子脫下來，打赤腳走路，走過草原，走過溪流。走哇走，一直走到兩隻腳都起了水泡。

終於，阿飛到了老黑熊的家。老黑熊感激的對阿飛說：「謝謝你，總算有人願意送蛋糕來，太辛苦你了！」

阿飛說：「還好啦，只是我好像換了一雙新腳罷了。」

老黑熊仔細看看阿飛長滿水泡的腳說：「我很喜歡你的新腳，它把我的蛋糕帶來了。」

長滿青苔的怪石頭

森林裡有一隻狐狸，有一天牠在散步的時候，發現一塊長滿青苔的怪石頭。

「真有趣！」狐狸說：「這是一塊長滿青苔的怪石頭！」

「咕咚」，狐狸一頭栽倒在泥地上，昏了過去。一個小時之後，牠醒了過來，覺得莫名其妙，到底是怎麼回事？看看地上的怪石頭，狐狸自言自語的說：「我沿著這條小路散步，看到這塊大石頭，說了一句：『這是一塊長滿青苔的怪石頭。』……。」

「咕咚」，狐狸又栽倒在地上，等牠醒過來，牠知道是怎麼一回事了。

「啊！哈！這是一塊魔石，不管是誰，只要說出……唔，就會昏倒，太棒了！」狐狸繼續散步，心裡卻不停的想

著：「該怎麼好好利用這個祕密呢？」

　　狐狸來到大象的家，大象正坐在門口吃著香蕉。狐狸也想吃，於是對大象說：「大象，天氣真熱，要不要到涼快的地方走走？」

　　「好哇！」

　　大象和狐狸一起散步，走著走著，狐狸把大象帶到怪石頭的地方。

　　「你看，那是什麼？」狐狸說。

　　「哦，那是一塊長滿青苔的怪石頭。」「咕咚」，大象倒在地上昏了過去，狐狸立刻跑到大象家，把香蕉全搬回自己家裡。一個小時之後大象醒了，牠回到家，發現香蕉全不見了，心裡很難過。

　　狐狸高興極了，牠等不及想再捉弄別的動物。幾天以後，森林裡的動物差不多都被牠騙過了，家裡好吃的東西，也都被狐狸搬走了。

　　但是，有一隻動物例外，當狐狸在騙人的時候，小花鹿躲在一旁看得清清楚楚，牠決定給狐狸一點教訓。

　　小花鹿採了一大籃野草莓，放在家裡等狐狸。沒多久狐狸果然來了。

　　「嗨！小花鹿，天氣真熱，要不要

到涼快的地方走走？」

「當然要！走哇！」

小花鹿和狐狸一起散步，走著走著，狐狸把小花鹿帶到怪石頭的地方。

「小花鹿，你看，那是什麼？」狐狸指著地上的石頭說。

「什麼？我沒看見。」

「你認真看，一定會看得到。」

「沒有哇！我沒看見什麼啊！」

「你一定看見了，快說，你看見了什麼？」狐狸有點生氣了。

「你要我說什麼？我什麼也沒看見哪！」

狐狸氣極了，大聲的說：「明明就有，你看，那裡有一塊長滿青苔的怪石頭。」「咕咚」，狐狸栽倒在地上，一個小時以後，狐狸醒了過來。牠走回家，卻發現家裡空空的，什麼東西都不見了。

許願井

　　有一天，阿羅在路邊發現了一口許願井。

　　他拿出一塊錢，丟進井裡，正準備許願，忽然，聽見一聲「哎喲」。阿羅嚇了一跳，他再拿出一塊錢，丟進井裡，井裡立刻又傳出一聲「哎喲！好痛！」

　　然後，有一隻青蛙從井裡跳了出來。牠一手摀著頭，一手拿著銅板，生氣的說：「看你做的好事！你怎麼可以隨便丟東西到別人家裡？」

　　「哦，真對不起，沒想到一口井也可以是一個家。」阿羅很不好意思的說。

　　「當然是啊！這個家本來挺好的。」接著，青蛙難過的說：「可是現在越來越糟了，不知道從什麼時候開

始，大家都喜歡把銅板丟下來，床上、桌上、椅子上，鍋裡、碗裡、茶杯裡，到處都是銅板，連睡覺也會被吵醒，真是受不了！」

「這是一口許願井，許願就要丟錢嘛！」

「是嗎？我才不管你們怎麼說，這是我的家。」青蛙說著，用力把銅板丟到井裡，「我只希望不再有人到我家來許願。」

青蛙說完，轉身跳回井裡。

阿羅想了一想，伸手把許願井的牌子拿掉，他知道，這樣青蛙就可以安心的住在牠的家裡了。

黑狗和花貓

　　農場的主人養了一隻黑狗和一隻花貓。他要黑狗守門，要花貓到穀倉裡捉老鼠。有一天，黑狗和花貓說好了要交換工作。

　　吃過晚飯，花貓就守在門口。有車子經過那裡，都會把牠嚇一跳，牠覺得汽車好像大怪獸，可怕極了。牠看見路人走過門前，就學黑狗那樣大叫，可是喵喵的聲音，路人一點兒也不怕，還有人兇巴巴的說：「走開！走開！」花貓心裡一慌，趕緊夾著尾巴逃開了。

　　天氣很熱，黑狗坐在穀倉外，這個晚上沒有星星也沒有月亮，黑狗什麼都看不到。牠張口打了一個呵欠，眼皮重重的垂下來，牠知道不應該睡覺，可是實在忍不住了。忽然，一陣窸窸窣窣的聲音從穀倉裡傳了過來。「一定是老

鼠！」黑狗精神來了，顯本事的時候到了！牠努力的用耳朵聽，用鼻子聞，對準方向撲上去，可是老鼠早就躲開了。牠反過身來，一撲再撲，但是每一下都落了空。老鼠樂得吱吱叫，一邊躲避，一邊喊著：「來呀！來呀！」

　　天亮了，花貓垂頭喪氣的回到穀倉，看見黑狗全身發軟，趴在地上，伸著舌頭直喘氣。牠們你看著我，我看著你，不約而同的說：「我看，守門口的還是守門口，看穀倉的還是看穀倉吧！」

小貓上樹

小貓爬到樹上去了。

東東、小波和阿德停止打球，都圍在樹下。

「是誰家的小貓？爬得那麼高。」大家好奇的說。

東東一邊拍手一邊喊：「小貓，危險哪！快下來。」

小貓一看到他，好像有點害怕，爬得更高了。

「不要嚇牠，我們來學貓叫，也許牠會下來。」小波說。

大家開始學貓叫，但小貓只是瞇著眼睛看他們，一動也不動。

阿德想了一想說：「要是有一隻小老鼠，我就可以把牠引下來。」

「可是，去哪裡找小老鼠呢？」小波說。

「那麼小的貓，還不會捉老鼠吧！」東東說。

三個人站在樹底下，商量了半天，都想不出好辦法。鄰居的老婆婆正好經過，好奇的問：「什麼事啊？還不回家！」

「小貓爬到樹上去了。」

老婆婆抬頭看了一眼，說：「別理牠。」走了幾步，回頭又說：「你們不可以爬樹喔，回家吃飯吧！」

阿德突然喊了一聲：「對，小貓也要吃飯啊！我去拿一條魚來。」

魚端來了，他們向著小貓把盤子高高的舉起來，嘴裡還發出「嘖、嘖」的聲音。可是，小貓只是動了動身子，換一個姿勢，又趴了下來。

三個小朋友忙了好一會兒，都有點累了，覺得越來越沒意思。

「魚都不吃，真討厭，我們別理牠了。」

他們把盤子放在樹下，又開始打球。大家玩得正高興的時候，阿德回頭一看，發現小貓已經下來了，正吃著盤裡的魚呢！

巫婆瑪姬

　　瑪姬是蘇格蘭法力高強的巫婆，她可以把南瓜變成馬車，可以把青蛙變成王子。可是，有一件事令她很難過，她飛得不好，一騎上掃把就認不清方向，搖搖晃晃的左衝右撞，一下子快，一下子慢，完全控制不住，又常常從天上掉下來。

　　她煩惱了好幾百年，一直以為問題出在掃把上，最後她想，如果找到好材料做掃把，她就能飛得很好。於是，她決定到世界各地去找找。

　　她找遍了歐洲又渡過了大西洋，來到樹最多的加拿大。可是，那裡的木材做的掃把，飛得不高。她來到美國的加州，那裡有世界上最高大的巨人樹，可是沒有用，巨人樹做出來的掃把飛得不平穩。她又來到南美洲的亞馬遜叢林，

可是那裡的木材又太濕了，做好的掃把，飛起來又重又慢。她聽說亞洲有個寶島，島上有神木，就決定到那裡碰碰運氣。可是，那裡的人認為，神木是最珍貴的寶貝，不能拿來做掃把。

有人告訴她，太平洋中間有一座掃把山，說不定那裡會有現成的好掃把。瑪姬去了，果然，滿山都是騎著掃把的巫婆，飛行的姿態五花八門，瑪姬連做夢都想不到。其中有一個老巫婆最屬害，她的速度很快，又能夠轉很小的彎，才看到她在前面飛，眼睛一眨，她就到了後面。最後，她直直的往天上飛，飛到快看不見了，一轉身又直直的衝下來，快得不得了。瑪姬害怕她會摔死，卻聽她輕輕的喊了一聲，掃把一轉彎，就沿著地面滑了開去，畫了個美妙的圓圈，停在瑪姬的面前。

瑪姬用力的鼓掌，忽然她發現，老巫婆的掃把只是一根芒草桿！她問：「這樣的東西怎麼能當掃把呢？」老巫婆說：「用什麼掃把並不重要，重要的是法力，只要勤練習，多變化，法力夠了，什麼掃把都能飛得好。」

瑪姬真是高興，走了那麼遠的路，終於有了收穫，幾百年的煩惱解決了。

冒氣的元寶

　　很久很久以前，中國東北一個小村子裡，住著一個老太太，她有三個兒子，家裡雖然很窮，日子卻過的很快樂。

　　有一天，老太太進城，到有錢人家裡去吃喜酒，她送了幾個銅錢做賀禮，被安排在一個遠遠的座位。過了一會兒，有位穿著華麗的客人來了，主人上前熱烈的招待，請她到上位去坐，又奉茶又敬煙的。老太太覺得自己被冷落了，她就悄悄的問身旁的客人：

　　「主人為什麼這樣歡迎她呢？」

　　「人家送了元寶做賀禮呢！」

　　「什麼是元寶？」

　　「我也沒見過！聽說這東西是白白的，中間鼓鼓的，兩頭翹翹的，挺值錢！」

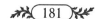

老太太吃完喜酒，回到家裡。接著好幾天，她飯也吃不下，覺也睡不著，整天悶悶不樂。她嘆著氣對兒子說：「唉，不知道這輩子能不能看到元寶哇！」

為了讓母親開心，兒子們決定去找元寶。可是，到處打聽，村子裡就是沒有人見過真正的元寶。怎麼辦呢？他們日日夜夜想著這個問題。

這一天晚飯的時候，他們還在談元寶的事，一邊吃一邊談著。老大撕了一小塊饅頭，挾起一些青菜和肉末，包著一起吃。

老三看著老大，眼睛一亮：「你們看，這不正是白白的，中間鼓鼓的東西嗎？」他指著老大手中的饅頭說。

「可是，兩端沒有翹起來呀？」老二說。

「這很簡單，只要像這樣把兩邊捏一捏，就會翹起來了。」老三一面說，一面比著。

老大高興的喊了一聲：「哦！原來元寶就是這個東西。」

幾天以來的煩惱解決了，大家不禁興奮的大笑大叫。

他們想元寶怎麼樣才會更好吃更漂亮。他們試了又試，最後發現先包好再煮熟，肉和菜要剁得細細碎碎，包起來更好看，吃起來也更香。當他們把一盤剛煮熟，還冒著熱氣的元寶，端給母親品嘗，老太太樂得直說：「好吃，好吃，原來這就是元寶哇！」

慢慢的，附近的人也紛紛吃起元寶來了，他們一邊大口大口的咬著，一邊不停的稱讚這三個兄弟：「真是孝子啊！」因為嘴巴裡有東西，說話不太清楚，聽起來就好像說：「這是餃子啊！」

有人說，餃子就是這樣來的。

基線期與維持期
故事結構分析表

故事結構分析表（前-1）			
故事名稱	鱷魚的花園	出版社	台灣省教師研習會
作者		故事主題	認識自我
主角	鱷魚，牠覺得自己很醜，牠沒有朋友。		
情境	鱷魚的家、院子、小河邊、山坡上；冬天、春天。		
主要問題	鱷魚覺得自己很醜，每天都不開心，所以動物都不和牠做朋友。		
事情經過	牠看見圍牆四周長出一些花，覺得心情好多了。牠看見之後心情變開心，所以就買種子到處種花。春天來了，到處都開滿了花。		
主角反應	開始時牠很不開心，所以沒有朋友。牠覺得花可以使人開心，所以才到處種花。大家都來跟牠道謝，牠很高興，有很多朋友也就不寂寞了。		
故事結局	動物們都來向牠道謝，大家一起玩。		

故事結構分析表（前-2）		
故事名稱	三年坡	出版社 台灣省教師研習會
作者		故事主題 韓國民間故事
主角	老公公，他害怕自己會死。	
情境	村子裡、三年坡。	
主要問題	聽說在三年坡摔跤就只能活三年，大家都很害怕。	
事情經過	老公公在三年坡摔跤了，回家後就生病了。村裡的小孩叫老公公再到三年坡多摔跤幾次，就可以活很久。	
主角反應	開始時老公公摔跤後以為自己會死，害怕的生病了。老公公覺得小孩子的話有道理，才會照著做。老公公覺得自己不會死，不害怕了病就好了。	
故事結局	老公公照著小孩子的話去做，真的活了很多年。	

故事結構分析表（前-3）			
故事名稱	小青蛙尾巴痛	出版社	台灣省教師研習會
作者		故事主題	人際溝通
主角	小青蛙，牠的尾巴痛，不能做任何事。		
情境	小青蛙的家；早上、晚上。		
主要問題	早上小青蛙說牠的尾巴痛，不能上學。		
事情經過	媽媽準備蚊子大餐、找牠玩水、找牠看故事書，可是小青蛙都不要。爸爸說青蛙不是蝌蚪，沒有尾巴，沒有人相信小青蛙尾巴痛。奶奶問牠尾巴在哪裡，幫牠把腳趾頭包起來。		
主角反應	開始時牠覺得尾巴很痛，所以什麼事情也不想做。大家都不相信小青蛙，牠很難過。奶奶相信牠，小青蛙很高興。		
故事結局	小青蛙尾巴不痛了，高興的要吃蚊子大餐。		

故事結構分析表（前-4）

故事名稱	田鼠阿飛	出版社	台灣省教師研習會
作者		故事主題	負責任
主角	田鼠阿飛，他是一個負責盡職的送貨員。		
情境	山下、山頂上、路邊、樹林、草原、黑熊的家；白天。		
主要問題	老闆要阿飛送蛋糕到很遠的地方。		
事情經過	阿飛騎腳踏車上山，騎到輪胎的氣都漏了。阿飛穿上溜冰鞋，溜到輪子都壞了才到樹林。阿飛買了新球鞋，跑到鞋子都破了。阿飛赤腳走到起水泡，才到黑熊的家。		
主角反應	開始時阿飛知道要送蛋糕到很遠的地方，他很驚訝。阿飛走了很遠的路努力送貨，覺得很辛苦。阿飛說自己換了新腳，是覺得腳很痛。		
故事結局	阿飛說好像換了一雙新腳，黑熊很感謝他。		

故事結構分析表（前-5）	
故事名稱　長滿青苔的怪石頭	出版社　台灣省教師研習會

故事名稱	長滿青苔的怪石頭　出版社　台灣省教師研習會
作者	故事主題　機智故事
主角	狐狸，牠很貪心，會騙人。
情境	森林裡、大象的家、小花鹿的家、狐狸的家；白天。
主要問題	狐狸發現一塊怪石頭，只要說出「這是一塊長滿青苔的怪石頭」，就會讓人睡著一個小時，牠想利用怪石頭來騙人。
事情經過	狐狸到大象的家，騙牠說出這句話讓牠睡著，再把牠的香蕉搬走。很多動物都被狐狸騙了。小花鹿看到狐狸騙人，就用野草莓讓狐狸帶牠去找怪石頭。
主角反應	開始時狐狸看見石頭覺得很好奇，才會不小心說了那句話。狐狸很貪心才會拿石頭騙人。狐狸看到家裡東西都不見了，很後悔。
故事結局	狐狸說了這句話就睡著了，小花鹿就到牠家把東西都搬走。

故事結構分析表（後-1）			
故事名稱	許願井	出版社	台灣省教師研習會
作者		故事主題	尊重他人
主角	阿羅，他想要許願；小青蛙，牠住在許願井裡，討厭有人向許願井丟錢。		
情境	許願井外、井裡、路邊；白天。		
主要問題	阿羅向許願井丟錢，井裡傳出小青蛙的聲音。		
事情經過	跳出一隻小青蛙，很生氣的要阿羅不要亂丟東西。阿羅向小青蛙道歉，說不知道這口井是一個家。小青蛙說牠的家到處都是大家丟下來的銅錢，真受不了。		
主角反應	開始時阿羅看見許願井的牌子，想要許願才會丟錢。阿羅知道許願井是小青蛙的家，覺得很不好意思。最後阿羅想要幫助小青蛙，才把牌子拿掉。		
故事結局	阿羅把許願井的牌子拿掉，讓小青蛙安心的住在井裡。		

故事結構分析表（後-2）			
故事名稱	黑狗和花貓	出版社	台灣省教師研習會
作者	劉漢初	故事主題	認識自我
主角	黑狗和花貓，他們想換工作。		
情境	農場、大門口、穀倉；晚上、白天。		
主要問題	農場裡的黑狗和花貓要交換工作。		
事情經過	花貓在大門口，覺得車子很可怕，牠對路人喵喵叫可是大家都不怕。黑狗在穀倉外面什麼也看不見，就睡著了，而且也捉不到老鼠。		
主角反應	開始時牠們覺得原來的工作無聊，才想換工作。牠們做不好別人的工作，覺得很喪氣。牠們知道自己適合做自己的工作，才又把工作換回來。		
故事結局	白天牠們回到穀倉，決定還是把工作換回來。		

故事結構分析表（後-3）		
故事名稱	小貓上樹	出版社 台灣省教師研習會
作者		故事主題 機智故事
主角	小貓，牠爬上樹，不要從樹上下來。	
情境	草地上、樹上、樹下；下午、傍晚。	
主要問題	小貓爬到樹上，大家要叫小貓下來。	
事情經過	東東拍手叫小貓下來，小貓爬得更高。大家學小貓叫，小貓一動也不動。大家想找小老鼠引牠下來，可是找不到老鼠。阿婆叫大家不要理小貓，趕快回家吃飯。阿德拿魚來讓小貓下來，小貓只有動一動。	
主角反應	小貓看見很多人，很害怕不敢下來。小貓想吃魚但是看到很多人，還是不敢下來。大家去打球，小貓看見沒有人才敢下來。	
故事結局	大家累了，不理小貓，小貓就下來吃魚了。	

故事結構分析表（後-4）			
故事名稱	巫婆瑪姬	出版社	台灣省教師研習會
作者		故事主題	努力學習
主角	瑪姬，她是法力高強的巫婆，但是騎掃把時飛不好。		
情境	蘇格蘭、歐洲、美國、亞洲、加拿大、南美洲；幾百年前。		
主要問題	瑪姬騎掃把時不能控制方向，飛得不好。		
事情經過	她以為問題是掃把不好，決定到世界各地去找好材料。她到了很多地方去找，但是都找不到好材料。她到了掃把山看到一個很厲害的老巫婆，她飛得很好，掃把卻只是一枝麥桿。		
主角反應	開始時她飛不好，所以很煩惱。她看到老巫婆飛得很好，很佩服。知道只要多練習就可以飛得好，瑪姬很高興。		
故事結局	老巫婆告訴瑪姬有法力才能飛得好，只要多練習就可以飛得好。		

故事結構分析表（後-5）		
故事名稱	冒氣的元寶	出版社　台灣省教師研習會
作者	潘人木	故事主題　食物典故
主角	老太太，很窮但過得很快樂。	
情境	中國、小村子、老太太的家、城裡有錢人的家。	
主要問題	老太太到有錢人的家吃喜酒被冷落，看見送元寶的客人被主人熱烈招待。	
事情經過	她回家後悶悶不樂，想要看元寶。老太太的兒子到處找元寶，在吃饅頭時包青菜和肉末一起吃，以為那是元寶。他們試了好多次來讓元寶更好吃，老太太喜歡吃元寶。	
主角反應	剛開始時老太太是因為受到冷落，才不快樂。老太太知道有錢人喜歡元寶，她不知道元寶是什麼很想知道。知道元寶原來就是好吃的東西，老太太很高興。	
故事結局	大家也喜歡吃元寶，吃元寶時稱讚他們是孝子，聽起來就像是餃子，這就是餃子的由來。	

基線期與維持期
故事結構內容摘要單

第九章　實驗教材內容（基線期與維持期教材）

基線期與維持期
故事結構內容摘要單

姓名：【　　　　　　　　　　】

故事名稱：【　　　　　　　　　　】

※ 看過故事後，請你回答下面六個問題：

(一) 這個故事的主角是誰？他有什麼特別的地方？ _____

(二) 這個故事發生在哪裡？發生在什麼時候？ _____

(三) 故事開始的時候發生了什麼問題？

_____

(四) 故事接下來發生了哪些事情？

_____

_____

_____

(五) 故事最後的結果怎麼樣？ _____

(六) 想一想，主角有哪些反應？他的感覺如何？ _____

教學期教材

　　基於鷹架教學的理念，此階段的教學係採取逐步漸進的方式，整個教學介入期又細分為B1、B2，以及B3三個小階段。B1階段先由老師示範，B2階段是老師引導學生進行討論，最後，在B3階段才由學生獨立使用故事結構策略，採取自問自答策略，老師僅提供最必要的協助。因此，教學的責任逐漸從教師身上轉移至學生。

　　在教材設計方面，B1階段是學生初學故事結構，六個故事結構元素分三次教學，每次介紹兩個主要的元素，教材以累進的方式呈現，即第一次教學先以「主角」和「情境」為焦點，用故事結構清楚的兩篇短文（媽祖救人、忘了吃飯的牛頓）作為教材，教學生判斷「主角」和「情境」，第二次教學再以「主要問題」和「事情經過」為焦點，另外用兩篇短文（熊爸爸找新家、誰的錯字多）作為教材，教學生判斷「主角」、「情境」、「主要問題」和「事情經過」，所以，除了新學的元素外，也把先前教過的元素一併包含進去；第三次的教學以此類推。

　　B1階段三次教學之後，為確定學生是否已經能掌握六個故事結構元素（各項都沒出現0分），也有六篇故事作為評量之用，至少要評三篇，其餘則作為備份，每篇故事亦附上參考用的「故事結構分析表」，以求評分更客觀。教學介入期B1之教學與評量材料之摘要整理如表9-2，此階段的評量教材係參考自《小學生每日10分鐘閱讀》（金安文教機構出版）。

表 9-2　教學介入期 B1 之教學與評量材料摘要表

故事名稱	總字數	相異字數	備註
媽祖救人	206	114	第一次教學
忘了吃飯的牛頓	182	107	第一次教學
熊爸爸找新家	179	82	第二次教學
誰的錯字多	237	123	第二次教學
猴子救月亮	241	98	第三次教學
四個禿子兄弟	253	115	第三次教學
把太陽收在口袋裡	290	117	評量㈠
偷錢的石頭	330	158	評量㈡
耳朵在哪裡	241	108	評量㈢
節儉的王熊	233	116	評量㈣備用
長大的藥	317	154	評量㈤備用
華盛頓捉賊	321	184	評量㈥備用

　　在 B2 和 B3 階段，教學教材皆取材自繪本，共有十五本（見表 9-3），每個階段至少要有三次的教學並達事先訂定之通過標準，如果學生的程度比較低，可能在 B2 階段的教學次數就會增加，所以，個案的總教學次數會因人而異，B2 和 B3 的教學次數並非固定。另外，每個故事皆有一篇評分參考用的「故事結構分析表」。

　　和 B1 階段不同的地方是 B2 和 B3 階段的教學和評量的材料合而為一，與前者教學和評量用的文章不同。換言之，每一繪本既是分享閱讀的素材，也是之後引導學生討論（或自我提問）故事結構，以及評量其故事結構理解程度之工具。另外，為使教材難度逐步加深，在文章難度評量方面係由

表 9-3　教學介入期 B2 與 B3 之教學與評量材料摘要表

書　　名	故事結構	字彙難度	可預測性	排版規則	總字數[a]	相異字數[b]	加權總和	備註
我的媽媽真麻煩	3.5	2	3	2	2	1	13.5	第一次教學
胖國王	3.5	2	2	2	3	2	14.5	第二次教學
愛畫畫的塔克	2	2	2	5	3	3	17	第三次教學
紅公雞	2	2	3	2	4	5	18	第四次教學
巫婆與黑貓	2	2	2	5	4	3	18	第五次教學
永遠吃不飽的貓	2	4	2	2	6	3	19	第六次教學
我變成一隻噴火龍了	3.5	4	2	5	3	2	19.5	第七次教學
是誰嗯嗯在我的頭上	3.5	4	2	5	4	2	20.5	第八次教學
好髒的哈利	5	4	2	2	4	4	21	第九次教學
奇普的生日	5	4	2	2	5	5	21	第十次教學
我不知道我是誰	5	4	2	5	4	3	23	第十一次教學
狐狸孵蛋	5	4	3	2	5	5	24	第十二次教學
哈利的花毛衣	5	4	2	2	6	5	24	第十三次教學
子兒吐吐	5	4	3	5	5	4	26	第十四次教學
娜娜的花襯衫	5	5	4	2	6	6	28	第十五次教學

註：[a] 總字數在 200 字以內評定為 1；201～400 字為 2；401～600 字為 3；601～800 字為 4；801～1000 字為 5；1000 字以上為 6。
　　[b] 相異字數 200 字以內評定為 1；201～400 字為 2；401～600 字為 3；601～800 字為 4；801～1000 字為 5；1000 字以上為 6。

研究者和研究助理針對故事結構清晰度、字彙難度、可預測性、排版規則性、總字數，以及相異字數多寡等六項指標分別評分，得到加權總和分數，

再按總和分數依序排列，分數較少者表示故事比較容易讀，反之則是較難讀的故事（註：故事易讀與否會因人而異，此排序僅是為增加實驗教學順序的統一性）。

　　B2 和 B3 階段的差異主要是教學的方式和故事地圖結構單的不同。在 B2 階段老師還扮演引導討論的角色，提醒學生回想 B1 階段學過的六個故事結構元素的定義與尋找答案的線索，故事地圖單的設計包含主要關鍵字與問題，及表示各元素關係或順序的箭頭（見第 247 頁）。在 B3 階段，老師的角色逐漸退除，除提供必要之協助外，故事結構問題皆鼓勵學生自問自答，故事地圖單的設計則只留下關鍵字，以及表示各元素關係或順序的箭頭（見第 248 頁）。

教學期 B1
故事結構學習單及
短文閱讀教材

故事結構學習單

編號：1-1-1

上課日期	民國　年　月　日　星期	班　別	年　　　班
學生姓名		指導者	老師

【老師的話】：

　　一篇完整的故事好像一間房屋，是幾個小塊的部分組合起來的，蓋房子的時候，我們要把這些小部分組合好，房子才會很堅固，故事也是一樣的。

【故事屋】：

　　一個故事包括六個重要的部分，這裡先說兩個：

一、主角：這是指故事裡最重要的人或動物，通常就是故事中最常出現的那個名字，從頭到尾都會看到喔！找一找，這個主角有沒有什麼特別的地方呢？通常也會寫在故事的前面喔！

二、情境：這是指故事所發生的地點和時間，有時候故事的地點和時間不只一個，你要仔細的找才不會漏掉。有時候故事的時間和地點並沒有被直接寫出來，那我們就要看圖片或內容來猜了。

【填一填】：

（　　　　）（　　　　）

【猜一猜】：故事還有哪四個部分呢？

學習評量		家長簽章	

媽祖救人

媽祖從小就很聰明，她有一顆善良的心，常常幫助窮苦的人。

有一次，村子裡流行一種病，這種病一發作，就會讓人痛得在地上打滾，比較嚴重的人，還會痛死呢！眼看著病人愈來愈多，媽祖的心裡好難過。

忽然，媽祖想到了一個辦法，她拿了一點點病人吃過的食物給猴子吃，小猴子吃了以後，也痛得哇哇大叫，大家看了，都嚇呆了。

這時候，小猴子卻一下子就爬了起來，拼命地往外跑。媽祖跟在小猴子的後面，看見小猴子跑進樹林裡，抓起一棵藥草來吃。

原來這種藥草就是治病的藥，媽祖把藥拿回去，救了全村民的性命。

※ 仔細找一找：

(一) 主角：這個故事的主角是誰？ 他有什麼特別的地方？

(二) 情境：這個故事發生在哪裡？ 發生在什麼時候？

忘了吃飯的牛頓

牛頓研究科學非常入迷，已經到了廢寢忘食的地步，因此，他對日常生活的許多小事，經常不放在心上，顯得迷迷糊糊的。

有一次，他請一位朋友到家裡吃飯，那位朋友在餐廳等了好久，牛頓卻還在實驗室裡作研究，忘了吃飯這件事。

他的朋友很生氣，便把餐桌上的東西吃光，然後自己離開了。過了很久，牛頓肚子餓了，走到餐廳準備吃飯，看到餐桌上只剩下空空的盤子。

牛頓皺著眉頭，想了一下子，喃喃自語：「我還以為我還沒吃過午餐，原來我已經吃過了啊！」

※ 仔細找一找：

(一) 主角 ：這個故事的主角是誰？ 他有什麼特別的地方？

(二) 情境 ：這個故事發生在哪裡？ 發生在什麼時候？

故事結構學習單

上課日期	民國　年　月　日　星期	班　別	年　　班
學生姓名		指導者	老師

【老師的話】：

　　房子很堅固，地震的時候不會倒，我們住在裡面才安心，同樣的，故事內容很完整，把每一個部分都說出來了，別人才能清楚的知道故事內容喔！

【故事屋】：

　　先想一想前面所提過的兩項，接下來這裡再介紹兩個：

一、 主角 ：

二、 情境 ：

三、 主要問題 ： 故事剛開始所發生的那件事情或問題，這一段通常會寫在故事很前面的地方，是最開始時主角所發生的問題。

四、 事情經過 ： 在主要問題後面，故事接下來發生了一件又一件的事情，要按照順序寫下來，寫在故事的中間部分，可能有一件、兩件、三件或很多件，接連著發生的事情，都要寫得很清楚，故事才會容易看。

【填一填】：

(　　　　)	(　　　　)
(　　　　)	(　　　　)

【猜一猜】：故事還有哪兩個部分呢？

學習評量		家長簽章	

熊爸爸找新家

　　冬天快到了，熊媽媽對熊爸爸說：「我們該找個新家了，去年冬天，我差點兒凍死了。」於是，熊爸爸就開始找新房子。

　　熊爸爸在森林裡，找啊找，找到一棵大樹，樹底下有一個洞，熊爸爸看了看，說：「不行，洞太小了。」

　　熊爸爸走著走著，又找到了一個山洞，山洞裡，有一些樹葉可以當作床，有一塊大石頭可以當作桌子，還有一塊大木板可以當作門。熊爸爸想一想，說：「嗯！這真是一個溫暖的家。」

　　冬天到了，熊爸爸一家人，高高興興的搬到了新家，準備過一個溫暖的冬天。

※ 仔細找一找：

(一) 主角：這個故事的主角是誰？ 他有什麼特別的地方？

(二) 情境：這個故事發生在哪裡？ 發生在什麼時候？

(三) 主要問題：故事開始的時候發生了什麼問題？

(四) 事情經過：故事接下來發生了哪些事情？

誰的錯字多

　　從前有一對夫妻，做事都是馬馬虎虎，寫起字來更是錯字連篇，經常鬧笑話。

　　有一次，妻子出門買菜，走到半路，突然下起大雨來。妻子看到鄰居路過，可是這個鄰居是啞巴，她只好跟人借紙和筆，寫了一張紙條，拜託啞巴鄰居帶回去給他的丈夫看。

　　丈夫跟幾個客人在客廳裡聊天，看到字條後非常生氣，原來字條上寫著：「老公，下雨天，請你敢快送一把命來，不然我沒辦法去賣菜。」看到妻子寫了這麼多錯字，丈夫覺得很丟臉，馬上回了一張字條，再請鄰居送去給妻子。

　　妻子看到字條上寫的字，差一點暈倒，因為字條上面寫著：「太太，你的

學問真差，馬了這麼多醋字，家裡正好有容人來，你真是丟我的臉。」

※ 仔細找一找：

(一) 主角 ：這個故事的主角是誰？他有什麼特別的地方？

(二) 情境 ：這個故事發生在哪裡？發生在什麼時候？

(三) 主要問題 ：故事開始的時候發生了什麼問題？

(四) 事情經過 ：故事接下來發生了哪些事情？

故事結構學習單

編號：1-1-3

上課日期	民國　年　月　日　星期	班　別		年　　班
學生姓名		指導者		老師

【老師的話】：

　　故事內容包括了六個重要的部分，我們要仔細的把這六個部分組合好，故事就可以非常完整又容易一看得懂喔！

【故事屋】：

　　先想一想前面所提過的四項，最後介紹其他的兩個：

一、 主角 ：
二、 情境 ：
三、 主要問題 ：
四、 事情經過 ：
五、 故事結局 ：這是故事最後的結果，經過了前面的問題和事情，主角最後怎麼了，我們要在故事最後的地方寫出來。
六、 主角反應 ：這是主角對於前面的事情，做出的反應還有他的感覺如何，有時會寫在每件事情的後面，但是有時候主角反應並沒有被直接寫出來，那我們就要看圖片或內容來猜了，包括主角的行動和感覺。

【填一填】：

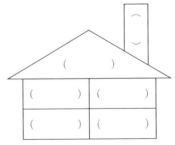

【猜一猜】：這六個部分就是故事的結構，你都記住了嗎？

學習評量		家長簽章	

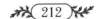

猴子救月亮

　　一隻猴子跑到井邊去玩，好奇的探頭往井裡看，嚇了一大跳，大叫：「不好了，月亮掉到井裡去了。」

　　另一隻猴子聽到驚叫聲，急急忙忙的跑了過來，看到井裡真的有月亮，也跟著大叫：「糟了！月亮真的掉到井裡去了。」

　　一群猴子正在睡覺，被牠們吵醒了，紛紛跑過來看看是怎麼一回事。大家往井裡看，看到井裡真的有月亮，便開始七嘴八舌的討論要如何把月亮救上來。有人說用竹竿，有人說用繩子，也有人說要叫一隻猴子跳到井裡去，把月亮撈上來。

　　大家不知道該怎麼辦的時候，有一隻站在樹上的貓頭鷹說話了：「你們抬頭看看，月亮不是好好的掛在天上

嗎？」 猴子抬頭一看，原來月亮真的是好好的掛在天上呢！

※ 仔細找一找：

(一) 主角：這個故事的主角是誰？他有什麼特別的地方？

(二) 情境：這個故事發生在哪裡？發生在什麼時候？

(三) 主要問題：故事開始的時候發生了什麼問題？

(四) 事情經過：故事接下來發生了哪些事情？

(五) 故事結局：故事最後的結果怎麼樣？

(六) 主角反應：想一想，主角有哪些反應？他的感覺如何？

四個禿子兄弟

　　從前有四個兄弟，他們一生下來就是禿子，不管走到哪裡，都有頑皮的小孩子圍過來嘲笑他們：「禿子！禿子！頭上光光不長毛。」

　　禿子兄弟難過的不得了，他們聽鄰居說，山裡有一個巫婆，可以治好禿頭的毛病，就趕快上山去找這個巫婆。

　　巫婆跟他們說：「你們到門口的魔井去洗頭，頭髮很快就會長出來。記住！只能洗一次喔！」禿子兄弟照著巫婆的話去做，洗完頭沒多久，頭髮真的長出來了，他們很高興的離開。

　　有了頭髮以後，大家都說他們變得又帥又好看，於是，他們想：「洗一次就長頭髮，再洗一次，頭髮不是會變得又黑又亮嗎？」

　　四兄弟偷偷跑上山，又洗了一次

頭，沒想到過了一會兒，頭髮竟然全部都掉光光了，但是，這時後悔已經來不及了。

※ 仔細找一找：

(一) 主角：這個故事的主角是誰？他有什麼特別的地方？

(二) 情境：這個故事發生在哪裡？發生在什麼時候？

(三) 主要問題：故事開始的時候發生了什麼問題？

(四) 事情經過：故事接下來發生了哪些事情？

(五) 故事結局：故事最後的結果怎麼樣？

(六) 主角反應：想一想，主角有哪些反應？他的感覺如何？

教學期 B1

評量材料

把太陽收在口袋裡

　　有一個盲人，他一出生時眼睛就看不見，所以不知道太陽是什麼樣子。

　　有一天他走在街上，覺得很熱，就說：「怎麼這麼熱？」在一旁賣盤子的人回答說：「因為太陽太大了。」盲人就很想知道太陽的樣子，於是賣盤子的人就拿了一個圓形的銅盤，敲了敲，發出鐺鐺的聲音，然後告訴他：「太陽是圓的，和這個銅盤很像。」盲人就摸摸盤子，又敲一敲它，記住了銅盤的聲音。

　　第二天，盲人聽到山上的寺廟，傳來噹噹的敲鐘聲，他很高興地說：「我知道這是太陽的聲音。」旁邊的人告訴他：「這不是太陽，太陽會發光，像蠟燭一樣。」盲人回家拿出蠟燭，摸一摸，把它的形狀記住了。

過了幾天，盲人走在路上，一不小心踩到了一根笛子，滑倒了，他拿起笛子說：「原來我被太陽絆倒了，沒關係，我把它放進口袋裡，這樣天氣就不會很熱了。」

大家聽了，都不知道該怎麼辦。

偷錢的石頭

　　包公是一個很聰明的人，什麼奇怪的事情他都能解決。有一天，他看到一個婦人站在一塊石頭旁，哭著說：「我今天賣完油條，總共賺了兩百文錢，因為太累了，坐在路旁休息，一不小心睡著了，等我醒來時，放在石頭上的籃子和裡面的錢，全部都不見了。」

　　包公聽完說：「我會幫你找回你的錢。」他馬上叫人把那塊石頭搬回衙門，開庭審判石頭是不是偷了錢。包公對著石頭說：「石頭，是不是你偷了婦人的錢？」可是石頭一點反應都沒有，包公就叫人拿棍子打石頭，可是石頭還是沒有反應。

　　在旁邊看熱鬧的人都哈哈大笑，包公說：「你們怎麼可以在衙門大笑，擾亂辦案，全部都要罰十文錢。」大家只

好自認倒楣，按照規定，把錢丟進一個裝滿水的盆子裡。

有一個人丟錢進去的時候，水面立刻浮起一層油，包公就叫人把他抓起來，在他身上找出其他的一百九十文錢。

原來被偷的錢上面，都沾了油條的油，用這種方法一下子就可以找到小偷了。

耳朵在哪裡

　　有一個很有錢的人，他的脾氣不大好，常常罵人。

　　有一天，這個有錢人想要曬棉被，於是他叫傭人去市場買「竹竿」，結果傭人沒聽清楚，把「竹竿」聽成了「豬肝」，然後就匆匆忙忙的去市場。

　　傭人告訴賣肉的老闆：「我家的主人要買一份豬肝。」老闆想要討好有錢人，所以又多送了一塊豬耳朵給傭人。傭人心想，主人要買的是豬肝，所以豬耳朵當然是我的了。因此他把豬耳朵包好，藏了起來。

　　回到家中，傭人把豬肝拿給主人，主人一看，非常生氣的說：「我叫你買什麼？你聽清楚了嗎？你的耳朵呢？耳朵在哪裡？」傭人聽了，嚇了一跳，心想，主人真屬害，連他偷藏豬耳朵的事

情都知道，就慌慌張張的說：「耳朵在這裡，在我的口袋裡。」

教學期 B1
故事結構分析表

故事結構分析表

故事名稱	把太陽收在口袋裡	出版社	
作者		故事主題	瞎子摸象
主角	盲人，他看不見東西，不知道太陽的樣子。		
情境	街上、山上的寺廟、路上；白天。		
主要問題	天氣很熱，盲人想要知道太陽的樣子。		
事情經過	賣盤子的人說太陽是圓的，和銅盤很像，他敲了敲銅盤，盲人就記住銅盤的聲音。盲人聽到鐘聲以為是太陽，別人說太陽像蠟燭一樣會發光，盲人就記住蠟燭的形狀。盲人摸到笛子以為是太陽，就把笛子收在口袋裡。		
故事結局	盲人以為這樣就不會熱了，大家都不知道該怎麼辦。		
主角反應	盲人聽到很熱是因為太陽太大，才想知道太陽的樣子。盲人以為太陽就是鐺鐺的聲音，才會以為鐘聲是太陽。盲人以為太陽就是長長的形狀，才會以為笛子是太陽。因為沒有看過太陽，盲人最後還是不知道自己的錯誤。		

故事結構分析表		
故事名稱	偷錢的石頭	出版社
作者		故事主題　機智故事
主角	包公，他很聰明，很會辦案抓犯人。	
情境	路上的石頭旁邊、衙門；白天。	
主要問題	婦人站在石頭邊哭著說賣油條的錢不見了。	
事情經過	包公叫人把籃子和石頭搬回衙門，問石頭是不是偷了錢。包公叫人打石頭，大家都哈哈大笑，包公就叫這些人罰錢。大家把錢丟到水中，有一個人丟錢時水面浮出油。	
故事結局	包公知道賣油條的錢上面會沾油，所以這個人就是小偷。	
主角反應	包公想要幫婦人找錢，才叫人把石頭搬回衙門。包公想要讓大家拿出錢來，才故意叫人打石頭。包公知道賣油條的錢會沾油，才會想到叫大家把錢丟進水裡。	

故事結構分析表			
故事名稱	耳朵在哪裡	出版社	
作者		故事主題	人際溝通
主角	有錢人，他的脾氣不好常罵人。		
情境	有錢人的家、市場；白天。		
主要問題	有錢人想要曬棉被，叫傭人去買竹竿，傭人以為主人要買豬肝。		
事情經過	傭人跟賣肉的老闆買豬肝，老闆多送一塊豬耳朵。傭人把豬耳朵藏起來。有錢人看到豬肝，問傭人的耳朵在哪裡。		
故事結局	傭人以為主人知道自己偷藏豬耳朵，就說耳朵在口袋裡。		
主角反應	傭人沒聽清楚，才會把竹竿聽成豬肝。賣肉的人想討好有錢人，才多送一塊豬耳朵。傭人以為主人不知道，才貪心的把豬耳朵藏起來。有錢人很生氣傭人聽不清楚，才說耳朵在哪裡。傭人以為主人說的是豬耳朵，很害怕的把耳朵拿出來。		

教學期 B1
故事結構內容摘要單

教學期 B1
故事結構內容摘要單

姓名：【   】

故事名稱 ：【   】

※ 仔細找一找故事的六個結構

(一) 主角 ：這個故事的主角是誰？ 他有什麼特別的地方？ _____

(二) 情境 ：這個故事發生在哪裡？ 發生在什麼時候？ _____

(三) 主要問題 ：故事開始的時候發生了什麼問題？ _____

(四) 事情經過 ：故事接下來發生了哪些事情？

_____

_____

(五) 故事結局 ：故事最後的結果怎麼樣？

(六) 主角反應 ：想一想，主角有哪些反應？ 他的感覺如何？ _____

_____

教學期 B2、B3
故事結構分析表

故事結構分析表			
故事名稱	我的媽媽真麻煩	出版社	遠流出版社
作者	芭蓓蒂‧柯爾	故事主題	個別差異
主角	我的媽媽,她真麻煩。		
情境	上學的路上、學校、家裡;早上、同樂會的時候、發生火災的時候。		
主要問題	我的媽媽和別人不一樣,同學的家長不能接受他們的孩子和我在一起。		
事情經過	1.我的媽媽很不一樣,她會騎掃把載我去學校,開親師懇談會時把其他家長變成了青蛙,讓爸爸待在一個特別的地方,還做了一些魔法蛋糕,把大家都嚇壞了。 2.同學到我家玩,他們喜歡我家的寵物,也喜歡我媽媽準備的點心,但是其他的家長很不高興。 3.有一天,學校失火了,媽媽很快地趕來並撲滅了火,救了大家。		
故事結局	媽媽把火滅了,其他家長很感謝媽媽,從此以後,大家都可以在我家瘋狂的玩了。		
主角反應	1.媽媽有魔法,做了很多奇怪的事情,因為不知道別人會嚇到。 2.其他家長不讓他們的孩子到家裡玩,讓媽媽很傷心。 3.大家很感謝媽媽,又可以一起玩了,媽媽很高興。		

故事結構分析表

故事名稱	胖國王	出版社	信誼出版社
作者	張蓬潔	故事主題	健康教育
主角	一位很胖很胖的國王，他不喜歡運動，只喜歡大吃大喝。		
情境	國王的王宮裡。		
主要問題	國王太胖了，身體不健康，非常不快樂，所以醫生建議國王應該減肥了。		
事情經過	1.大家提供很多減肥的方法。 　廚師：少吃零食多吃青菜；醫生：不要吃零食，要多運動；公主：一邊玩呼拉圈、一邊聽音樂；皇后：爬樓梯。 2.減肥過程很辛苦，國王快要忍不住了，但每個人都幫國王加油。		
故事結局	國王終於減肥成功了，變得健康又快樂。		
主角反應	1.因為太胖了，身體不健康，非常不快樂。 2.減肥時本來喜歡的食物都不能吃，只能吃蔬菜水果，所以很痛苦。 3.減肥時需要運動，所以很痛苦。 4.有別人的加油打氣，國王只好繼續減肥下去。		

故事結構分析表

故事名稱	愛畫畫的塔克	出版社	信誼出版社
作者	王蘭	故事主題	個別差異
主角	塔克是一隻章魚，認為畫畫是最快樂的事，只用黑色畫筆		
情境	大海裡、家裡、醫院、學校；白天。		
主要問題	塔克一向只用黑色的畫筆畫畫，常常把家裡弄得一團黑。		
事情經過	1. 媽媽帶塔克去看醫生，塔克把醫院噴得黑黑的。 2. 上課時，塔克都在畫圖，回答不出老師的問題。 3. 來了一隻大魚，大家都嚇得到處逃，這時塔克畫出大黑球，救了大家。		
故事結局	大家送給塔克彩色的顏料，讓他畫得更好、更棒了。		
主角反應	1. 塔克以為醫生要幫他打針，很緊張，就把醫生的衣服噴黑了。 2. 老師問塔克問題，塔克想不出答案，緊張的在黑板上畫了一個大黑圈。 3. 塔克收到大家送給他的禮物，高興極了。		

故事結構分析表			
故事名稱	紅公雞	出版社	信誼出版社
作者	王蘭	故事主題	兩性教育
主角	紅公雞，他是一隻熱心腸的大公雞。		
情境	田野、大清早；紅公雞家（農場裡）。		
主要問題	紅公雞發現一顆蛋，請母雞們幫忙照顧，但大家都沒空。		
事情經過	1. 紅公雞回到原來的地方等待蛋主人出現，出現一條大蛇要把蛋吃掉，紅公雞為了蛋的安全，決定自己來孵這個蛋。 2. 農場裡的朋友們聽到紅公雞要孵蛋都很驚奇，母雞們更熱心地告訴紅公雞要如何孵蛋。 3. 紅公雞夢到破蛋而出的是貓頭鷹、大蛇、鱷魚、大恐龍，紅公雞被嚇醒，突然發現蛋破了，裡面露出了一隻小雞。		
故事結局	每天早上紅公雞都會帶著小雞一塊兒去散步。		
主角反應	1. 紅公雞在草地上發現一顆蛋，他很好奇這是誰家的蛋。 2. 大蛇要把蛋吃掉，紅公雞很生氣地罵大蛇。 3. 因為不知會孵出什麼樣的東西，紅公雞覺得很害怕，還作惡夢。 4. 孵出了一隻小雞，紅公雞驚喜極了。		

故事結構分析表			
故事名稱	巫婆與黑貓	出版社	三之三文化
作者	文／文萊利・湯瑪士 圖／科卡・保羅	故事主題	個別差異
主角	巫婆，她喜歡黑色，東西都是黑色的。		
情境	巫婆的家、草地上、樹上；早上、晚上。		
主要問題	巫婆養了一隻黑貓叫小波，小波閉上眼睛巫婆就看不到他，會踩到。		
事情經過	1. 有一天巫婆又摔倒了，她把小波變成一隻綠色的貓。 2. 巫婆把小波趕到草地上，巫婆看不到牠，就被牠絆倒了。 3. 巫婆把小波變成一隻五彩貓，所有的鳥都嘲笑牠，小波就一直躲在樹頂上不下來。		
故事結局	巫婆把小波變回一隻黑貓，又把房子和東西變成彩色，就看得見了。		
主角反應	1. 巫婆一直被小波絆倒，她很生氣，才把小波變顏色。 2. 小波躲在樹頂上不下來，巫婆不忍心，才又把小波變回黑色。 3. 最後巫婆可以看見小波，不會再被絆倒，很高興。		

故事結構分析表

故事名稱	永遠吃不飽的貓	出版社	遠流出版社
作者	哈孔・比優克利德	故事主題	趣味韻文
主角	胖貓卡茲啦，身體大得嚇人，而且怎麼吃都吃不飽。		
情境	主人家、田間、教堂、海邊、城堡、丘陵；白天、晚上。		
主要問題	卡茲啦很會吃，主人說等牠吃飽就要把牠丟到海裡，卡茲啦聽到了。		
事情經過	1. 卡茲啦吃了晚餐，又把主人吃掉了。 2. 卡茲啦到外面找食物，牠把路上遇見的東西都吃掉了（吃了肥豬、掃煙囪的人、牧師、新郎和新娘、船長和船員、國王、月亮）。 3. 最後遇見太陽，也想把太陽吃掉。		
故事結局	卡茲啦吃了太陽，自己就裂開了，牠之前吃掉的所有東西就原封不動的跳出來了。		
主角反應	1. 卡茲啦聽到主人說吃飽就要把牠丟到海裡，就不想吃飽。 2. 聽到有人說吃飽了嗎？卡茲啦就說沒吃飽，然後把那個人吃掉。 3. 最後吃了太陽，卡茲啦裂開了就不會再吃東西了。		

故事結構分析表

故事名稱	我變成一隻噴火龍了	出版社	國語日報
作者	賴馬	故事主題	情緒處理
主角	古怪國的阿古力，他很愛生氣。		
情境	古怪國、阿古力的家、社區、水池、沙堆。		
主要問題	有一隻會傳染噴火病的蚊子叫波泰，波泰愛吸愛生氣的人的血，今天一大早，阿古力被波泰叮了一個包。		
事情經過	1.阿古力變成一隻噴火龍，他只要一開口，就會有火冒出來。 2.他燒焦了自己的東西，燒著了鄰居和朋友，大家都不敢接近他。 3.他試了很多方法，泡到水裡、埋進沙堆、用滅火器、在冰箱，要把火吹熄，但是都沒有用。		
故事結局	沒想到鼻水和淚水竟然把火澆熄了，波泰又去尋找下一個目標。		
主角反應	1.一開始他被蚊子叮了，他非常生氣。 2.一直噴火他很緊張，一直想把火弄熄。 3.他又餓又氣，傷心的哭了起來，哭了好久好久。 4.火熄了，他高興的笑了。		

故事結構分析表

故事名稱	是誰嗯嗯在我的頭上	出版社	三之三文化
作者	文／維爾納・霍爾茨瓦爾斯 圖／沃爾夫・埃爾布魯赫	故事主題	人際溝通
主角	一隻講道理的小鼴鼠。		
情境	洞穴出口、草原上、狗屋；某一天的白天。		
主要問題	有一條便便掉在小鼴鼠頭上，他很生氣的找兇手。		
事情經過	1.他問了兔子、馬、羊、鴿子、牛、豬，結果都不是。 2.蒼蠅先生告訴他，那是狗大便。 3.小鼴鼠要大狗跟他道歉，結果他自己也不小心大便在大狗頭上。		
故事結局	結果自己也不小心大便在大狗頭上，只好很不好意思的鑽進洞裡。		
主角反應	1.小鼴鼠起初很生氣，不斷的質問別人。 2.大家都說不是以後，小鼴鼠變得十分疑惑。 3.蒼蠅告訴他兇手是大狗時，他一副要興師問罪的樣子。 4.小鼴鼠兇巴巴的要大狗道歉。 5.小鼴鼠因為也不小心大便在大狗頭上，就很不好意思的鑽進洞裡。		

故事結構分析表			
故事名稱	好髒的哈利	出版社	遠流出版公司
作者	金・紀歐	故事主題	生活教育
主角	一隻身上有黑點的白狗叫哈利，他不喜歡洗澡而且很愛玩。		
情境	家中浴室、院子、街上、天橋；白天、晚上。		
主要問題	哈利很不喜歡洗澡，他把刷子埋起來跑出去玩。		
事情經過	1.哈利到很多地方玩，像是馬路上、鐵軌的天橋上、裝煤炭的卡車上，玩得髒兮兮，變成一隻黑狗。 2.哈利回到家表演很多絕活給大家看，可是主人都不認識他。 3.哈利咬出刷子到浴室請大家幫他洗澡。		
故事結局	哈利變回有黑點的白狗，主人終於認得他了，他舒舒服服的躺在墊子上睡覺。		
主角反應	1.不喜歡洗澡，所以把刷子埋起來。 2.到很多地方玩很高興。 3.很難過主人竟然不認識他。 4.洗完澡主人終於認識他，就舒服的睡著了。		

故事結構分析表

故事名稱	奇普的生日	出版社	青林出版社
作者	米克・英克潘	故事主題	生活教育
主角	即將要過生日的奇普。		
情境	奇普家；奇普生日的時候。		
主要問題	奇普寫邀請卡和做蛋糕，想邀請朋友來慶生，但他沒寫清楚明確日期。		
事情經過	1. 奇普寫邀請卡和做蛋糕，想邀請朋友來參加他的生日聚會。 2. 邀請卡上沒有寫清楚日期，而且又慢了一天才拿給朋友，生日當天沒有人來參加，奇普自己把蛋糕吃掉了。 3. 第二天朋友來為奇普慶生時，奇普的生日卻是昨天而不是今天。		
故事結局	雖然奇普的生日已經過了，大家還是很開心吃著另一個生日蛋糕。		
主角反應	1. 興奮的心情寫邀請卡和做蛋糕，期待朋友來臨。 2. 生日當天等不到朋友，覺得很失望。 3. 生日隔天看見朋友帶禮物來，覺得很訝異。		

故事結構分析表

故事名稱	我不知道我是誰	出版社	格林出版社
作者	文／強布雷克 圖／薛弗勒	故事主題	認識自我
主角	兔子達利B，他不知道自己是什麼動物。		
情境	森林裡；白天。		
主要問題	達利B不知道自己是什麼動物？住在哪裡？腳為什麼那麼大？		
事情經過	1. 達利B決定住在樹上，吃橡樹果實，但還是不知道腳為什麼那麼大？ 2. 傑西D來了，所有的兔子都很緊張的躲起來，只有達利B還待在樹上，傑西D說：「我是一隻黃鼠狼，你是一隻兔子，我要吃掉你。」 3. 達利B用大腳一跳，躲過傑西D的攻擊，傑西D掉到樹下了。		
故事結局	兔子們都說達利B是個英雄，達利B說我還以為我是兔子呢！		
主角反應	1. 不知道自己是誰，覺得很疑惑（奇怪）。 2. 不知道傑西D是誰，所以他不會害怕，才向他招手。 3. 知道自己是一隻兔子，覺得很高興。 4. 大家又說達利B是英雄，所以達利B還是搞不清楚他自己是誰。		

故事結構分析表

故事名稱	狐狸孵蛋	出版社	格林出版社
作者	文／孫晴峰 圖／龐雅文	故事主題	生命教育
主角	狐狸，他的肚子餓了。		
情境	河邊；很多天。		
主要問題	狐狸看到一個鴨蛋，他想吃鴨子。		
事情經過	1. 他想要孵蛋，怕蛋破掉，想了很多方法。 2. 他用嘴孵蛋，不方便追捕野獸，只好吃果子，就成了吃素的狐狸。狐狸還發明了很多用舌頭玩蛋的遊戲。 3. 有一天小鴨子孵出來了，叫狐狸爸爸，狐狸不知道該怎麼辦。		
故事結局	小鴨子說肚子好餓，狐狸拿一粒莓子給鴨子吃，從此狐狸就多了一個鴨兒子。		
主角反應	1. 狐狸想要大吃一頓，所以才要把蛋孵出來。 2. 狐狸肚子餓，很想吃鴨子，才會發明舌頭玩蛋的遊戲。 3. 狐狸看見小鴨子叫他爸爸，就不忍心吃他了。		

故事結構分析表			
故事名稱	哈利的花毛衣	出版社	遠流出版公司
作者	金‧紀歐	故事主題	個別差異
主角	一隻身上有黑點的白狗哈利。		
情境	哈利的家、百貨公司、公園；哈利的生日、聖誕節。		
主要問題	奶奶送哈利一件他不喜歡的玫瑰花圖案毛衣，哈利想把毛衣丟掉。		
事情經過	1.哈利試了很多方法，想把毛衣丟掉，但是都失敗了，回家之後，他沒有心情和他的朋友一起玩。 2.哈利在公園散步時，發現毛衣上露出一條毛線，毛衣的線頭被小鳥咬走了，毛衣就一點一點消失了。 3.奶奶來了，哈利帶著大家到公園，大家在樹上看見哈利的毛衣變成玫瑰花圖案的鳥巢。		
故事結局	聖誕節時奶奶又送給哈利一件有黑點的白毛衣，哈利感到很開心。		
主角反應	1.哈利收到玫瑰花圖案的毛衣，覺得不高興。 2.他沒有辦法將毛衣丟掉感到失望。 3.看到毛衣被小鳥咬走了，他覺得很開心。 4.收到有黑點的白毛衣，他很喜歡。		

故事結構分析表

故事名稱	子兒吐吐	出版社	信誼出版社
作者	李瑾倫	故事主題	生活教育
主角	小豬胖臉兒，他很胖，愛吃東西，吃東西很快。		
情境	學校、家裡；白天、晚上。		
主要問題	胖臉兒吃木瓜吃太快了，他把木瓜和木瓜子都吃了。		
事情經過	1.大家說這樣會死掉，會長樹，他害怕的哭了，最後想到長樹也不錯，有水果可以吃，很涼快，他又笑了。 2.他趕快跑回家去喝水，然後躺在床上睡覺，想要長樹。 3.他睡得不好，很想摸頭，一直想知道樹長了沒有，到了早上還是沒長樹。		
故事結局	他的肚子痛跑去上廁所，看見木瓜子在大便裡面，就笑了起來。		
主角反應	1.開始時他很害怕就哭了。 2.想到長樹的好處，就很高興的想要長樹。 3.他睡覺時很想摸頭，是擔心的想知道樹長了沒有。 4.最後沒有長樹，他也很高興。		

故事結構分析表			
故事名稱	娜娜的花襯衫	出版社	艾閣萌
作者	Annick Danckers & Peggy Van den Eynde	故事主題	認識自我
主角	娜娜，她是一隻全身雪白的貓咪。		
情境	家裡、外面、花園；白天（早上、中午）。		
主要問題	娜娜希望自己也有一身像媽媽一樣美麗的條紋。		
事情經過	1.娜娜決定去外面尋找條紋。娜娜的朋友告訴她許多可以 　擁有條紋的方法（在尾巴上綁個蝴蝶結；在脖子上掛胡 　蘿蔔；在左腳穿一隻紅襪子；教娜娜要大叫「咩」；用 　三隻腳走路）。 2.娜娜回到家，媽媽告訴她其實那些朋友都是和她鬧著玩 　的，條紋不是這樣來的。		
故事結局	娜娜走到花園，躺在剛塗上藍色油漆的椅子上睡午覺，醒 來之後，她發現自己全身都有了藍色的條紋，娜娜終於有 一件花衣服了。		
主角反應	1.娜娜希望自己也有一身條紋，她覺得很煩惱。 2.娜娜決定要去尋找條紋，覺得很興奮。 3.娜娜依照朋友們的建議去做，雖然覺得很辛苦，但一想 　到能有條紋，又覺得很開心。 4.娜娜知道朋友都在和她開玩笑，覺得很傷心。 5.娜娜發現全身都印上了藍色的條紋，覺得非常開心。		

教學期 B2、B3
故事地圖單

教學期 B2 階段故事地圖單

編號： - -

閱讀日期	民國　年　月　日　星期	班　　別	年　　班
學生姓名		故事名稱	
作　　者		出 版 社	

【主角】：這個故事的主角是誰？他有什麼特別的地方？

↓

【情境】：這個故事發生在哪裡？發生在什麼時候？

↓

【主要問題】：故事開始的時候發生了什麼問題？

【主角反應】：主角有哪些反應？他的感覺如何？

↓

【事情經過】：接下來故事發生了哪些事情？

↓

【故事結局】：故事最後的結果怎麼樣？

◆ 把這個故事再說一次……

學習評量		家長簽章	

教學期 B3 階段故事地圖單

編號： － －

閱讀日期	民國　年　月　日　星期	班　　別	年　　班
學生姓名		故事名稱	
作　　者		出版社	

【主角】：

↓

【情境】：

↓

【主要問題】：　　　　　　　　　　　　　　　　　　　↔　　【主角反應】：

↓

【事情經過】：

↓

【故事結局】：

◆　把這個故事再說一次……

學習評量		家長簽章	

參考文獻

中文部分

工研院（2003）。嚴重急性呼吸道症候群 SARS 百科集。新竹：作者。

五味太郎（1998）。春天來了。台北：上誼。

孔繁鐘譯（1997）。**DSM-IV** 精神疾病的診斷與統計。台北：合記。

王淑芬（1999）。不會噴火的龍。台北：小魯。

王瓊珠（1992）。國小六年級閱讀障礙兒童與普通兒童閱讀認知能力之比較研究。
國立台灣師範大學特殊教育研究所碩士論文。

王瓊珠（1999）。閱讀復甦方案簡介。**特殊教育季刊，73** 期，19-22。

王瓊珠（2001a）。台灣地區讀寫障礙研究回顧與展望。**研究彙刊（c）：人文與
社會科學，11**（4），331-344。

王瓊珠（2001b）。非正式閱讀評量在閱讀障礙學生之應用。論文發表於第五屆華
人社會心理與教育測驗學術研討會。台北：臺灣師範大學。

王瓊珠（2001c）。提升特殊教育品質：從一篇讀寫障礙回顧性研究談起。載於中
華民國特殊教育學會主編，特殊教育品質的提升，13-25。

王瓊珠（2002）。如何與閱讀障礙孩子共讀。國小特殊教育，33，23-26。

王瓊珠（2003）。讀寫能力合一補救教學系列研究（I）。行政院國家科學委員會
專題研究計畫成果報告（計畫編號 NSC91-2413-H-133-014）。

呂美娟（2000）。基本字帶字識字教學對國小識字困難學生成效之探討。**特殊教
育研究學刊，18** 期，207-235。

李淑媛（1999）。不同教學法對國小二年級學習障礙學童識字教學成效之研究。
國立新竹師範學院國民教育研究所碩士論文。

李瑾倫（1993）。子兒吐吐。台北：信誼。

沙永玲、麥奇美、麥倩宜譯（2002）。朗讀手冊。台北：小魯。

沈茵編著。小學生每日**10 分鐘閱讀（中年級 1）**。台南：（真平企業）金安文教機構。

岳修平譯（1998）。教學心理學──學習的認知基礎。台北：遠流。

林玟慧（1995）。閱讀理解策略對國中閱讀障礙學生閱讀效果之研究。國立台灣師範大學特殊教育研究所碩士論文。

林建平（1994）。整合學習策略與動機訓練方案對國小閱讀理解困難兒童的輔導效果。國立台灣師範大學輔導研究所博士論文。

林真美譯（1997）。永遠吃不飽的貓。台北：遠流。

林素貞（1998）。相似字與非相似字呈現方式對國小一年級國語科低成就學生生字學習效果之比較。**特殊教育與復健學報，6** 期，261-277。

邱上真（1998）。中文閱讀能力評量模式的探討：理論與實務──國語文低成就學生閱讀表現之追蹤研究（**III**）。行政院國家科學委員會專題研究計畫（NSC-87-2413-H-017-003-F5）。

施惠玲（2000）。**認字困難兒童之認字教學──個案研究**。國立台東師範學院國民教育研究所碩士論文。

柯華葳（1999）。閱讀能力的發展。載於曾進興主編，**語言病理學基礎第三卷**（81-119）。台北：心理。

柯華葳、游婷雅譯（2001）。踏出閱讀的第一步。台北：信誼。

柯華葳編製（1999）。**閱讀理解困難篩選測驗**。台北：教育部。

洪碧霞、邱上真（1997）。國民小學國語文低成就學童篩選工具系列發展之研究。**特殊教育研究學刊，15** 期，83-107。

洪儷瑜、張郁雯、陳秀芬、陳慶順、李瑩玓編製（2003）。**基本讀寫字綜合測驗**。台北：心理。

胡永崇（1995）。後設認知策略教學對國小閱讀障礙兒童閱讀理解成效之研究。國立彰化師範大學特殊教育研究所博士論文。

秦麗花、許家吉（2000）。形聲字教學對國小二年級一般學生和學障學生識字教學效果之研究。**特殊教育研究學刊，18** 期，191-206。

荊溪昱（1992）。國小國語教材的課文長度，平均句長及常用字比率與年級關係

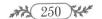

之探討。行政院國家科學委員會專題研究計畫成果報告（計畫編號 NSC81-0301-H-017-004）。

荊溪昱（1993）。中學國文教材的適讀性（readability）研究。行政院國家科學委員會專題研究計畫成果報告（計畫編號 NSC82-0301-H-017-009）。

張英鵬（1997）。感覺運動訓練方案對國小閱讀障礙兒童感覺動作能力、語文學習與人際關係之影響。國立台灣師範大學特殊教育研究所博士論文。

教育部（1997）。特殊教育法。台北：教育部。

教育部（2002）。身心障礙及資賦優異學生鑑定標準。同作者。

陳秀芬（1999）。中文一般字彙知識教學法在增進國小識字困難學生識字學習成效之探討。特殊教育研究學刊，17 期，225-251。

陳姝蓉（2002）。故事結構教學對增進國小閱讀障礙學生閱讀理解能力之研究。台北市立師院身心障礙研究所碩士論文。

陳姝蓉、王瓊珠（2003）。故事結構教學對增進國小閱讀障礙學生閱讀理解能力之研究。特殊教育研究學刊，25，221-242。

陳靜子（1996）。國語低成就兒童之生字學習：部首歸類與聲旁歸類教學效果之比較。國立彰化師範大學特殊教育研究所碩士論文。

傅淳鈴（1998）。國小學童後設語言覺知之測量及其實驗教學成效分析。國立台南師範學院國民教育研究所碩士論文。

曾志朗（1999）。評論「國民小學國語文低成就學童的篩選」。載於柯華葳、洪儷軒主編，學童閱讀困難的鑑定與診斷研討會文集（164）。嘉義：中正大學心理系。

曾陽晴（1998）。媽媽買綠豆。台北：信誼。

黃沛榮（1996）。國民小學常用字彙研究。台北：國立編譯館。

黃秀霜（1999）。不同教學方式對學習困難兒童之實驗教學助益分析。課程與教學季刊，2 期，69-82。

黃秀霜編製（2001）。中文年級認字量表。台北：心理。

黃瑞珍（1999）。故事結構分析法在語言學習障礙兒童教學之應用。國小特殊教育，27 期，4-10。

楊孝濚（1971）。影響中文可讀性語言因素的分析。報學，7，58-67。

參考文獻

詹文宏（1995）。後設認知閱讀策略對國小閱讀障礙兒童閱讀理解能力之研究。國立彰化師範大學特殊教育研究所碩士論文。

齊若蘭（2002 年 11 月 25 日）。海闊天空 VI：閱讀新一代知識革命。天下雜誌，**263**，40-60。

劉玲吟（1994）。後設認知閱讀策略的教學對國中低閱讀能力學生效果之研究。國立彰化師範大學特殊教育研究所碩士論文。

劉學濂（1996）。中文適讀度的表面指標適切性之探討及適讀公式之初步建立。國立台灣科技大學管理技術研究所碩士論文，台北，未出版。

蔡銘津（2002）。兒童閱讀與寫作的認知歷程及其教學涵義。論文發表於兒童語文閱讀與寫作研討會。高雄樹德科技大學。

盧羨文編著（1998）。閱讀理解。台北：書林。

蘇宜芬（1991）。後設認知訓練課程對國小低閱讀能力學生的閱讀理解能力與後設認知能力之影響。國立台灣師範大學輔導研究所碩士論文。

英文部分

Aaron, P. G., & Joshi, R. M. (1992). *Reading problems: Consultation and re-mediation.* New York: The Guilford Press.

Adams, M. (1990). *Beginning to read.* Cambridge, MA: MIT Press.

Anderson, R. C., Gaffney, J. S., Wu, X., Wang, C. C., Li, W., Shu, H., Nagy, W. E., & Ming, X. (2002). Shared-book reading in China. In W. Li, J. S. Gaffney, & J. L. Packard (Eds.), *Chinese children's reading acquisition: Theoretical and pedagogical issues* (pp. 131-155). New York, NY: Kluwer Academic Publishers.

Bacon, E. H., & Carpenter, D. (1989). Learning disabled and nondisabled college students' use of structure in recall of stories and text. *Learning Disability Quarterly, 12*(2), 108-118.

Beck, I. L., & McKeown, M. G. (1981). Developing questions that promote comprehension: The story map. *Language Arts, 58*, 913-918.

Beck, I. L., & McKeown, M. G. (1991). Social studies texts are hard to understand: Mediating some of the difficulties. *Language Arts, 68,* 482-490.

Bransford, J. D., & Johnson, M. K. (1972). Contextual prerequisites for understanding: Some investigations of comprehension and recall. *Journal of Verbal Learning and Verbal Behavior, 11,* 717-726.

Brown, A. L., & Palincsar, A. S. (1982). Inducing strategic learning from texts by means of informed, self-control training. *Topics in Leaning and Learning Disabilities, 2*(1), 1-17.

Cazden, C. (1988). *Classroom discourse: The language of teaching and learning.* Portsmouth, NH: Heinemann.

Center, Y., Wheldall, K., & Freeman, L. (1992). Evaluating the effectiveness of Reading Recovery: A critique. *Educational Psychology, 12* (3, 4), 263-274.

Center, Y., Wheldall, K., Freeman, L., Outhred, L., & McNaught, M. (1995). An evaluation of Reading Recovery. *Reading Research Quarterly, 30,* 240-263.

Chall, J. S. (1996). *Stages of reading development (2ⁿᵈ ed.).* Orlando, FL: Harcourt Brace.

Chall, J. S., & Dale, E. (2001). *Readability revisited: The new Dale-Chall readability formula.* Cambridge, MA: Brookline Books.

Cipielewski, J., & Stanovich, K. E. (1992). Predicting growth in reading ability from children's exposure to print. *Journal of Experimental Child Psychology, 54,* 74-89.

Clark, D. B., & Uhry, J. K. (1995). *Dyslexia: Theory & practice of remedial instruction.* Timonium, MA: York Press.

Clay, M. M. (1991). *Becoming literate: The construction of inner control.* Portsmouth, NH: Heinemann.

Clay, M. M. (1993). *Reading recovery: A guidebook for teachers in training.* Portsmouth, NH: Heinemann.

Clay, M. M. (2001). *Change over time in children's literacy development.* Portsmouth, NH: Heinemann.

Dimino, J. A., Gersten, R., Carnine, D., & Blake, G. (1990). Story grammar: An approach for promoting at-risk secondary students' comprehension of literature. *Elementary School Journal, 91,* 19-32.

Durkin, D. (1966). *Children who read early*. New York: Teachers College Press.

Elley, W. (1991). Acquiring literacy in a second language: The effect of book-based programs. *Language Learning, 41*, 375-411.

Englert, C. S., & Hiebert, E. (1984). Children's developing awareness of text structure in expository material. *Journal of Educational Psychology, 26*, 65-74.

Fitzgerald, J., & Spiegel, D. L. (1985). Development of children's knowledge of story structure and content. *Journal of Education Research, 79*, 101-108.

Fitzgerald, J., & Teasley, A. B. (1986). Effects of instruction in narrative structure on children's writing. *Journal of Education Psychology, 78* (6), 424-432.

Fletcher, J. M., Francis, D. J., Shaywitz, S. E., Lyon, C. R., Foorman, B. R., Stuebing, K. K., & Shaywitz (1998). Intelligent testing and the discrepancy model for children with learning disabilities. *Learning Disabilities Research & Practice, 13*, 186-203.

Flower, L., Meyer, M., Lovato, J., Wood, F., & Felton, R. (2000). Does third grade discrepancy status predict the course of reading development? *Annals of Dyslexia, 50*, 49-71.

Foorman, B. R., & Torgesen, J. (2001). Critical elements of classroom and small-group instruction promote success in all children. *Learning Disabilities Research & Practice, 16*(4), 203-212.

Fry, E. (1977). Fry's readability graph: Clarifications, validity, and extension to level 17. *Journal of Reading, 21*, 242-252.

Fuchs, L. S., & Fuchs, D. (1998). Treatment validity: A unifying concept for reconceptualizing the identification of learning disabilities. *Learning Disabilities Research & Practice, 13*, 204-219.

Fuchs, L. S., Fuchs, D., & Speece, D. L. (2002). Treatment validity as a unifying construction for identifying learning disabilities. *Learning Disabilty Quarterly, 25*, 33-45.

Fuchs, D., Fuchs, L. S., Mathes, P. G., & Simmons, D. C. (1997). Peer-assisted learning strategies: Making classrooms more responsive to academic diversity. *American Educational Research Journal, 34*, 174-206.

Gambrell, L. B., & Chasen, S. P. (1991). Explicit story structure instruction and the narrative writing of fourth- and fifth-grade below-average readers. *Reading Research & In-*

struction, 31, 54-62.

Gambrell, L. B., & Mazzoni, S. A. (1999). Principles of best practice: Finding the common ground. In L. B. Gambrell, L. M., Morrow, S. B. Neuman, & M. Pressley (Eds.), *Best practices in literacy instruction* (pp. 11-21). New York: Guilford Press.

Gardill, M. C., & Jitendra, A. K. (1999). Advanced story map instruction: Effects on the reading comprehension of students with learning disabilities. *Journal of Special Education, 33*, 2-17.

Gasden, V. L. (1998). Family cultures and literacy learning. In J. Osborn, & F. Lehr (Eds.), *Literacy for all: Issues in teaching and learning* (pp. 32-50). New York: Guilford Press.

Gaskins, I. W., Ehri, L. C., Cress, C., O'Hara, C., & Donnelly, K. (1997). Procedures for word learning: Making discoveries about words. *Reading Teacher, 50*, 312-327.

Gersten, R. (1998). Recent advances in instructional research for students with learning disabilities: An overview. *Learning Disabilities Research & Practice, 13*, 162-170.

Gersten, R., & Dimino, J. (1989). Teaching literature to at-risk students. *Educational Leadership, 46* (5), 53-57.

Gurney, D., Gersten, R., Dimino, J., & Carnine, D. (1990). Story grammar: Effective literature instruction for high school students with learning disabilities. *Journal of Learning Disabilities, 23*, 335-342.

Harris, T. L., & Hodges, R. E. (1995). *The literacy dictionary: The vocabulary of reading and writing*. Newark, DE: International Reading Association.

Holdaway, D. (1979). *Foundations of literacy*. Sydney: Ashton Scholastic.

Idol, L. (1987). Group story mapping: A comprehension strategy for both skilled and unskilled readers. *Journal of Learning Disabilities, 20*, 196-205.

Idol, L., & Croll, V. J. (1987). Story-mapping training as a means of improving reading comprehension. *Learning Disability Quarterly, 10*, 124-229.

Irwin, J. W., & Davis, C. A. (1980). Assessing readability: The checklist approach. *Journal of Reading, 24*, 124-130.

Johnston, F. R. (2000). Word learning in predictable text. *Journal of Educational Psychol-*

ogy, 92, 248-255.

Juel, C. (1988). Learning to read and write: A longitudinal study of 54 children from first through fourth grade. *Journal of Educational Psychology, 80*, 437-447.

Kucan, L., & Beck, I. L. (1997). Thinking aloud and reading comprehension research: Inquiry, instruction, and social interaction. *Review of Educational Research, 67*, 271-299.

Kuldanek, K. (1998). *The effects of using a combination of story frames and retelling strategies with learning disabled students to build their comprehension ability.* (ERIC document: 416 469).

Lee, J. (1997, August). *Phonological awareness and Chinese character acquisition in Taiwan children: A reading ability control design control.* Paper presented at International Symposium on Cognitive Processes of Chinese Language. University of Hong Kong, Hong Kong.

Lerner, J. (2000). *Learning disabilities: Theories, diagnosis, and teaching strategies (8ᵗʰ Ed.).* Boston, MA: Houghton Mifflin.

Luetke-Stahlman, B., Griffths, C., & Montgmomery, N. (1998). Development of text structure knowledge as assessment by spoken and signed retellings of a deaf second-grade student. *American Annals of The Deaf, 143*(4), 337-346.

Lyon, G. R. (2003). Defining dyslexia, comorbidity, teachers' knowledge of language and reading. *Annals of Dyslexia, 53*, 1-14.

McCardle, P., Cooper, J. A., Houle, G. R., Karp, N., & Paul-Brown, D. (2001). Emergent and early literacy: Current status and research directions-introduction. *Learning Disabilities Research & Practice, 16*, 183-185.

McCardle, P., Scarborough, H. S., & Catts, H. W. (2001). Predicting, explaining, and preventing children's reading difficulties. *Learning Disabilities Research & Practice, 16*(4), 230-239.

McConaughy, S. H. (1980). Using story structure in the classroom. *Language Arts, 57*, 157-165.

McConaughy, S. H. (1982). Developmental changes in story comprehension and levels of questioning. *Language Arts, 59* (6), 580-589.

Meyer, B. J. F. (1984). Text dimensions and cognitive processing. In H. Mandl, N. Stein & T. Trabasso (Eds.), *Learning and understanding texts* (pp. 3-47). Hillsdale, NJ: Lawrence Erlbaum Associates.

Montague, M. (1988). *Story grammar and learning disabled students' comprehension and production of narrative prose.* (ERIC document: 302 819).

Nagy, W. E., Anderson, R. C., & Herman, P. A. (1987). Learning word meanings from context during normal reading. *American Educational Research Journal, 24,* 237-270.

National Research Council (1998). *Preventing reading difficulties in young children.* Washington, DC: National Academy Press.

Newby, R. F., Caldwell, J., & Recht, D. R. (1989). Improving the reading comprehension of children with dysphonetic and dyseidetic dyslexia using story grammar. *Journal of Learning Disabilities, 22,* 373-380.

O'Malley, K. J., Francis, D. J., Forman, B. R., Fletcher, J. M., & Swank, P. R. (2002). Growth in precursor and reading-related skills: Do low-achieving and IQ-discrepant readers develop differently? *Learning Disabilities Research & Practice, 17,* 19-34.

Ouellette, G., Dagostino, L., & Carifio, J. (1999). The effects of exposure to children's literature through read aloud and an inferencing strategy on low reading ability fifth graders' sense of story structure and reading comprehension. *Reading Improvement, 36,* 73-89.

Peterson. B. (1991). Selecting books for beginning readers. In D. E. DeFord, C. A. Lyons, & G. S. Pinnell (Eds.), *Bridge to literacy: Learning from Reading Recovery* (pp. 119-147). Portsmouth, NH: Heinemann.

Pressley, M. (1998). *Reading instruction that works: The case for balanced teaching.* New York: Guilford Press.

Purcell-Gates, V. (1998). Growing successful readers: Homes, communities, and schools. In J. Osborn & F. Lehr (Eds.), *Literacy for all: Issues in teaching and learning* (pp. 51-72). New York: Guilford Press.

Rayner, K. & Pollatsek, A. (1989). *The psychology of reading.* Englewood Cliffs, NJ:

Prentice Hall.

Rog, L. J., & Burton, W. (2002). Matching texts and readers: Leveling early reading materials for assessment and instruction. *The Reading Teacher, 55*, 348-356.

Rutter, M., & Yule, W. (1975). The concept of specific reading retardation. *Journal of Child Psychology and Psychiatry, 16*, 181-197.

Schirmer, B. R., & Bond, W. L. (1990). Enhancing the hearing impaired child's knowledge of story structure to improve comprehension of narrative text. *Reading Improvement, 27*, 242-254.

Shanahan, T., & Barr, R. (1995). Reading Recovery: An independent evaluation of the effects of an early instructional intervention for at-risk learners. *Reading Research Quarterly, 30*, 958-996.

Shaywitz, S. E., Escobar, M. D., Shaywitz, B. A., Fletcher, J. M., & Makuch, R. (1992). Distribution and temporal stability of dyslexia in an epidemiological sample of 414 children followed longitudinally. *New England Journal of Medicine, 326*, 145-50.

Shaywitz, B. A., Holahan, J., Fletcher, J. M., & Shaywitz, S. E. (1992). Discrepancy compared to low achievement definitions of reading disability: Research from the Connecticut Longitudinal Study. *Journal of Learning Disabilities, 25*, 639-648.

Shu, H., Anderson, R. C., & Zhang, H. (1995). Incidental learning of words meanings while reading: A Chinese and American cross-cultural study. *Reading Reseach Quarterly, 30*, 76-95.

Simmons, D. C. (1993). *Integrating narrative reading comprehension and writing instruction for all learners*. (ERIC document: 365 943).

Snow, C. E., Burns, S., & Girffin, P. (1998). *Preventing reading difficulties in young children*. Washington, DC: National Academy Press.

Snowling, M., Goulandris, N., & Defty, N. (1998). Development and variation in developmental dyslexia. In C. Hulme & R. M. Joshi (Eds.), *Reading and spelling development and disorders* (pp. 201-217). Mahwah, NJ: Lawrence Elbaum Associates.

Spear-Swerling, L., & Sternberg, R. J. (1994). The road not taken: An integrative theoretical model of reading disability. *Journal of Learning Disabilities, 27*, 91-103.

Speece, D. L., & Shekita, L. (2002). How should reading disabilities be operationalized? A survey of expert. *Learning Disabilities Research & Practice, 17*, 118-123.

Stanovich, K. E. (1986). Matthew effects in reading: Some consequences of individual differences in the acquisition of literacy. *Reading Research Quarterly, 21*, 360-407.

Stanovich, K. E. (1988). Explaining the differences between the dyslexic and the garden-variety poor readers: The phonological-core variable-difference model. *Journal of Learning Disabilities, 21*, 590-612.

Stanovich, K. E. (1991). Discrepancy definitions of reading disability: Has intelligence led us astray? *Reading Research Quarterly, 27*, 7-29.

Taylor, B. M. (1992). Text structure, comprehension, and recall. In S. J. Samuels & A. E. Farstrup (Eds.), *What research has to say about reading comprehension* (pp. 220-235). Newark, DE: International Reading Association.

Taylor, R. L. (2003). *Assessment of exceptional students: Educational and psychological procedures* (6th ed.). Boston, MA: Allyn & Bacon.

Teale, W. H., & Sulzby, E. (Eds.). (1986). *Emergent literacy: Writing and reading.* Norwood, NJ: Ablex.

Torgesen, J. K., Alexander, A. W., Wagner, R. K., Rashotte, C. A., Voeller, K., Conway, T., & Rose, E. (2001). Intensive remedial instruction for children with severe reading disabilities: Immediate and long-term outcomes from two instructional approaches. *Journal of Learning Disabilities, 34*, 33-58.

Torgesen, J. K., & Wagner, R. K. (1998). Alternative diagnostic approaches for specific developmental reading disabilities. *Learning Disabilities Research & Practice, 13*, 220-232.

Troia, G. A., Graham, S., & Marris, K. R. (1999). Teaching students with learning disabilities to mindfully plan when writing. *Exceptional Children, 65*, 235-252.

Vacca, J. L. , Vacca, R. T., & Gove, M. K. (2000). *Reading and learning to read* (4th ed.). New York: Longman.

Vallecorsa, A. L., & DeBettencourt, L. U. (1997). Using a mapping procedure to teach reading and writing skills to middle grade students with learning disabilities. *Educa-*

tion & Treatment of Children, 20, 173-184

Vaughn, S., Gersten, R., & Chard, D. J. (2000). The underlying message in LD intervention research: Findings from research syntheses. *Exceptional Children, 67*, 99-114.

Vygotsky, L. S. (1978). *Mind in society: The development of higher psychological processes.* Cambridge, MA: Harvard University Press.

Wilkinson, I. A. G., Elkins, J., & Bain, J. D. (1995). *Individual differences in story comprehension and recall of poor readers.* (ERIC document: 381 742).

Wise, B. W., Ring, J., & Olson, R. K. (1999). Training phonological awareness with and without explicit attention to articulation. *Journal of Experimental Child Psychology, 72*, 271-304.

附錄一
觀察紀錄表

李湘如老師設計

姓名：＿＿＿＿＿＿＿＿

上課時間	教學情境	教學內容	修正內容／學生反應
年　月　日 教學時間：　分	□一對一教學 □ 小組教學 　（全部皆是 　　受試者） □小組教學 　（部分是受 　　試者）		
年　月　日 教學時間：　分	□一對一教學 □ 小組教學 　（全部皆是 　　受試者） □小組教學 　（部分是受 　　試者）		
年　月　日 教學時間：　分	□一對一教學 □ 小組教學 　（全部皆是 　　受試者） □小組教學 　（部分是受 　　試者）		
年　月　日 教學時間：　分	□一對一教學 □ 小組教學 　（全部皆是 　　受試者） □小組教學 　（部分是受 　　試者）		

◎ 感謝太平國小李湘如老師設計

附錄二
我是大明星

李慧娥老師提供

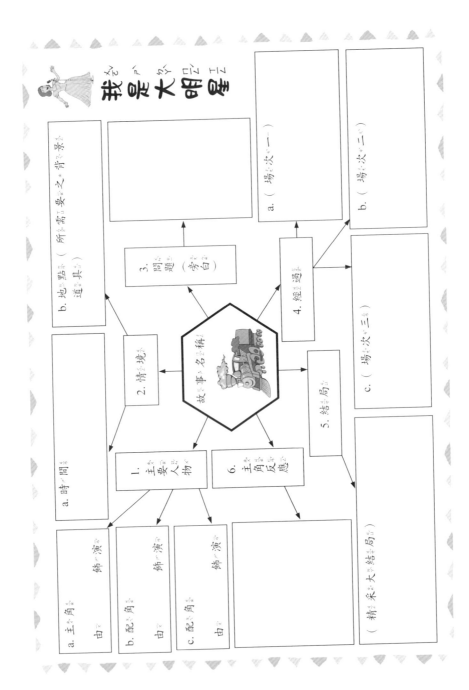

附錄三
故事列車

李慧娥老師提供

照過來！照過來！照過來！小朋友你你準備好要聽我的的故事了嗎？請你拉長耳朵來仔細聽。喔！

小朋友告訴你你一個秘密喔！你們聽了可是千萬不要不要告訴別人也不要不要取笑我啦！我是最害怕怕上台說故事了，只要一上台我就會不停的的發抖呢！有一一次，竟然嚇到昏倒了呢！

該怎麼麼說說故事？我在『講台上』不知道！」

小朋友你你會不會也在害怕聽故事發生在我的身上的的故事，不不你會害怕的的話，請你聽完之後，就會像我一一樣不不害怕，也許許你聽完了之後，再感覺到害怕了了。

記得有一次，老師說要舉行說故事比賽。我聽完之後，連續好幾天都吃不下飯，一直祈求上帝不要抽到我，到了要舉行說故事的那天，我卻假裝發生病不想上學，但是被上學明的媽媽識破，於是只好硬著頭皮上學去。在上學的路上，也許是上帝聽到我的禱告，派了一位天使來幫助我。

小天使說只要我不斷的告訴自己喜歡說故事，我的問題就能解決。於是我捨了上學的列車，並且不斷的對自己說自己語提醒著最喜歡，在經過一個山洞時，不知道為什麼，我心情變得相當開朗，當火車走出山洞時，我簡直不敢相信我的眼睛。

說說故事，說也奇怪，火車的速度越來越快，當火車相當開朗，當火車走出山洞時，我簡直不敢相信我的眼睛。

天寺呀！窗是外系的氢景是色氢和乐平堂時产的氢景是色氢全氧然累不氢同氢，我至驚是訝素的氢大系叫累著善：「好系漂急亮急的氢城是堡氢哦芒！」

但系是产車系上系的氢乘至客至看多了善看多窗氢外系又云看多看多我至，有文人是說是：「哪系來系的氢城是堡氢看多？那系個氢人是是产不氢是产瘋氢了善？」

大系家是都氢沒是看多到氢漂急亮急的氢城是堡氢呢桑？難多道氢是产我至真告的氢瘋氢了善嗎桑？直坐到氢列急車系長系喊系出氢：

「故多事产王系國系、故多事产王系國系！」我系回系頭炎一一看多，原是來系遠是遠是的氢小系天寺使产，有文沒是有文旅氢客至要云下系車系？小系天寺使产問系我至：「要云不氢要云到氢故多事产王系國系參是觀系呢桑？」

長系就是是产「早系是产早系」上系遇立到氢的氢小系天寺使产，參是觀系我至怕系煩系的氢故多事产王系國系下系車系？

也云許正可氢以一解素決是你正心是中是許正許正多氢多氢的氢疑一問系，也云會系有文意一外系的氢收系穫系！」於正是产，我至便系在系故多事产王系國系下系車系。

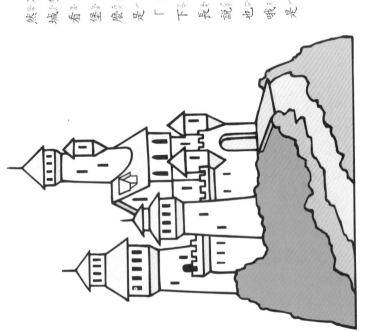

一進入故事王國，小天使說：「故事王國裡有一萬個有趣的故事，我可以選擇喜歡的故事，進去參觀。」那就是國字的導覽員，必須是成為一輛有六個說故事火車廂的小火車。只要我能照著上面寫的國字，就能說故事，的「故事高手」。

我不太明白小天使的意思，小天使就能使火車說故事，只要認真學習，真的能成為說故事的高手嗎？你在路上都會教你們怎麼做的，只要安心的搭上故事王國的小火車。

來到故事王國裡有四個故事學院，分別是「故事」學院和「學習認真」學院。小天使帶著我進入說故事的人，王國因為只有認真學習的人，就能進入。

在故事的入場券，就能進入「故事」學院的入場券，能進入「學院」。學院的學生能集滿二十張的入場券，就能得到「事」學院的入場券。學院的學生能集滿二十張王國的故事，也不用怕台上說故事了。

如果能得到獎狀就再也不用怕台上說故事，以後都能得到「故事高手」獎狀的狀況呢！

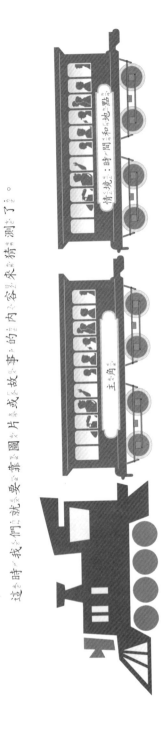

小天使告訴我一個故事，包括主角、情境、主要問題、情節經過、故事結果、反應等六個主要的部分，並且是一個一個故事先學習和這個情境的兩個部分。但是我想了很久還是記不住，我要一起來練習我將下列的秘訣別一學會會，更更容易容易，如果能記住和別人能別人的小朋友各位各位，和我一起一起接上馬上行動。

所以我想邀請各位小朋友和我一起行動，愛更更容易。讓我們一同來遊覽故事王國的挑戰好嗎？小朋友，王國吧！

一、主角：就是故事裡面最重要的人、或是動物、而且是故事中經常出現的那個名字，從頭到尾，你都可以以一看到哦！找我看看故事的主角有沒有什麼特別的地方呢？通常在故事的前面面寫到哦！

二、情境：就是指故事發生的時間和地點。有時時不只只一個哦！而且有的的時故事事或或圖片或圖片這些故事的時間和地點並沒有直接寫出來，這時我們就要靠要圖片或圖片或故事的內容來猜測了。

有了小天使的祕訣，我很快的找到故事的主角以及故事發生的時間及地點，但是我還是無法說出他的祕訣呢！」小天使要我先回想一下前面教過的兩項：

一、主角。

二、情境：時間和地點。

小天使說：「不用急，因為還沒教過其中其他兩項。」

接下來再教我下面兩項：

三、主要問題：故事剛開始發生的那件事情或問題。這是一段很通常會在故事很前面的面的地方，是最先開始主角所發生的生的問題。

四、事情經過：在主角要問題的的後面，故事接下來來發生了一件又一件的事情，要按照順序寫下來。故事的中間部分有，可能部分接連著發生的事情，要交代一件、兩件或三件事，故事的主要發生的事情，要清楚的故事，才容易一看就懂。

主角的反應

故事結果

事情經過

主要問題

情境

主角

小天使告訴我，再學習最後兩項，很快就能把故事的大意說出來了。他要我回想前面所教過的四項，接下來再教我最後兩項：

一、主角：

二、情境：時間和地點。

三、主要問題：

四、事情經過：

五、故事結果：
這是故事最後的結果，經過前面的問題和事情，主角最後怎麼了。我們必須在故事的地方寫寫出來。

六、主角的反應：
這是主角對於前面的事情所做出的反應，有時候是寫在每件事情之後的反應，但是有時候主角的反應並沒有直接寫出來，此時我們就必須依圖片或是故事的內容，來猜測主角的行動和感覺了。包括主角的行動和感覺是，還有他的反應，如

有了小天使的幫忙，我現在可以說出故事的重點，但是故事的六個重要部分，我還是記不起來。小天使說：不用擔心，記住故事的重點如：記不起來時可以用唱的、用比較的等方法來幫助記憶，下面這首「故事列車」就是幫助記住故事六個重要部分的歌曲，小朋友我們一同來歡唱吧！

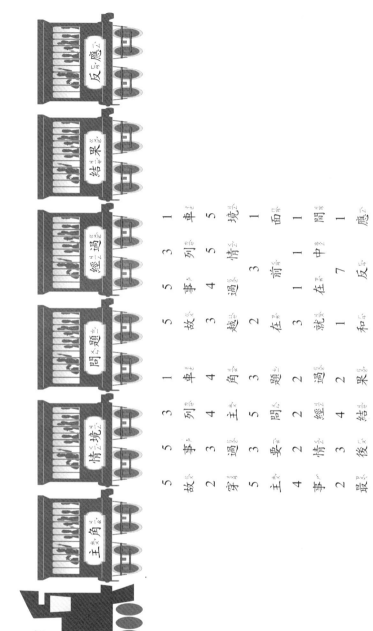

火車各節車廂（由右至左）：主角　情境　問題　經過　結果　反應

5	5	3	3	1
故	事	列	車	
5	3	4	5	3
主	角	情	境	
5	3	2	2	3
問	題	經	過	
4	2	3	1	
事	情	在	前	面
5	3	1	7	1
就	在	中	間	
2	4	2	2	1
結	果	反	應	
最後	和	反	應	

國家圖書館出版品預行編目（CIP）資料

故事結構教學與分享閱讀／王瓊珠編著. -- 二版. --
　臺北市：心理, 2010.09
　　面；　　公分. --（語文教育系列：48013）
參考書目：面

ISBN 978-986-191-372-8（平裝）

1. 閱讀指導　2. 小學教學

523.31　　　　　　　　　　　　　　　　99013347

語文教育系列 48013

故事結構教學與分享閱讀（第二版）

編 著 者：王瓊珠
執行編輯：陳文玲
總 編 輯：林敬堯
發 行 人：洪有義
出 版 者：心理出版社股份有限公司
地　　址：台北市大安區和平東路一段 180 號 7 樓
電　　話：(02) 23671490
傳　　真：(02) 23671457
郵撥帳號：19293172　心理出版社股份有限公司
網　　址：http://www.psy.com.tw
電子信箱：psychoco@ms15.hinet.net
駐美代表：Lisa Wu（Tel：973 546-5845）
排 版 者：臻圓打字印刷有限公司
印 刷 者：東縉彩色印刷有限公司
初版一刷：2004 年 5 月
二版一刷：2010 年 9 月
二版二刷：2012 年 11 月
I S B N：978-986-191-372-8
定　　價：新台幣 300 元